Bibliografische Information der Deutschen Nationalbibliothek:

Die Deutsche Bibliothek verzeichnet diese Publikation in der Deutschen National-
bibliografie; detaillierte bibliografische Daten sind im Internet über http://dnb.d-
nb.de/ abrufbar.

Impressum:

Copyright © 2019 GRIN Verlag
Druck und Bindung: Books on Demand GmbH, Norderstedt Germany
ISBN: 9783346080554

Dieses Buch bei GRIN:

https://www.grin.com/document/510355

Eva Meißner

Wirtschaftliche Bauablaufplanung eines Einfamilienhauses. Was muss bei der Wahl des Baupartners und des Grundstücks beachtet werden?

GRIN Verlag

BACHELORARBEIT

Wirtschaftliche Bauablaufplanung für die Abwicklung eines Einfamilienhauses

Leipzig, den 03.11.2019

Name: Eva Meißner

Inhaltsverzeichnis

Abkürzungsverzeichnis

EPS	EXPANDIERTER POLYSTYROL
EnEV	ENERGIESPARVERORDNUNG
GU	GENERALUNTERNEHMER
HOAI	HONORARORDNUNG FÜR ARCHITEKTEN UND INGENIEURE
LP	LEISTUNGSPHASE
NWA	NUTZWERTANALYSE
PE	POLYETHYLEN
PUR	POLYMETHAN – HARTSCHAUM
PVC	POLYVINYLCHLORID
XPR	EXTRUDIERTER POLYSTYROL

Tabellenverzeichnis

1 Einleitung

In den letzten zehn Jahren sind in Deutschland über 950.000 Einfamilienhäuser errichtet worden.[1] Eine höhere Lebensqualität, mehr Sicherheit und nicht zuletzt niedrige Zinsen und günstige Finanzierungen machen das Bauen eines Eigenheims besonders in den letzten Jahren attraktiv. Das unterlegt auch eine Studie zum Thema Wohnpräferenzen der Deutschen, die angibt, dass 67 Prozent der Deutschen das Wohnen in einem frei stehenden Haus mit Garten bevorzugen.[2] Die Verwirklichung der eigenen Ideen steht dabei jedoch oft im Konflikt mit dem verfügbaren Budget.

Diese Bachelorarbeit ist mit dem Ziel der Erarbeitung einer wirtschaftlichen Bauablaufplanung eines Einfamilienhauses ins Leben gerufen worden. Der Schwerpunkt liegt dabei auf der Ermittlung der optimalen Rahmenbedingungen, die die Bauplanung und den Bauablauf wirtschaftlich und zur gleichen Zeit qualitativ am sinnvollsten machen. Dabei gilt es die verschiedenen Möglichkeiten auszuarbeiten, zu vergleichen und zuletzt Handlungsempfehlungen abzugeben. Anhand der Gegenüberstellung der verschiedenen Alternativen und Handlungsansätze sollen Vor- und Nachteile, aber auch Chancen herausgearbeitet werden. Der Rahmen dieser Arbeit umfasst sowohl die Planungs- als auch Bauausführungsgrundlagen. Der Fokus liegt dabei auf den Rohbauarbeiten, also den Erdarbeiten und dem Errichten von Wänden, Decken und Dachkonstruktion. Die vorliegende Arbeit stellt dabei eine Art Handbuch über die Bauabwicklung eines Einfamilienhauses dar und richtet sich dabei v. a. an die Bauherren.

Diese Arbeit stellt sich dabei folgenden Forschungsfragen: Wie können Bauherren im Rahmen des Hausbaus den Kostenrahmen so gering wie möglich halten und gleichzeitig ihre Vorstellungen bezüglich Gestaltung und Funktion miteinbinden? Mit welchen Maßnahmen können die Kosten klein gehalten werden? Welche Möglichkeiten und Wege des Hausbaus gibt es, wo liegen die Unterschiede und welchen finanziellen Rahmen bieten sie jeweils?

Nachdem in diesem Kapitel die Ausgangssituation, Zielsetzung und Vorgehensweise zur Erstellung dieser Arbeit erläutert wird, liegt der Fokus im nächsten Kapitel auf der Wahl des Baupartners. Inhalt ist hier eine Vorstellung der Baupartner sowie eine Diskussion derer Vor- und Nachteile. Im dritten Kapitel wird die Grundstückssuche vorgestellt.

---

[1] Vgl. EINFAMILIENHÄUSER- ANZAHL IN DEUTSCHLAND BIS 2018: Breitkopf.
[2] Vgl. WOHNEN, MIETEN KAUFEN: Kaiser.

Dafür wird erst auf den Grundstückswert eingegangen, bevor die Abwicklung des Grundstückskaufs erläutert wird. Anschließend ist die Kostenplanung Gegenstand des vierten Kapitels. Dabei wird erst auf die Zusammensetzung der Projektgesamtkosten eingegangen, bevor die unterschiedlichen Aspekte der Kosteneinsparungen erläutert werden. Zuletzt ist die Vorentwurfsplanung und die Erstellung eines Mustereinfamilienhauses Gegenstand dieses Kapitels. Auf der Ausführungsplanung mit Schwerpunkt auf den Erdarbeiten und der Errichtung der Wände liegt im fünften Kapitel der Fokus. Dabei wird der Bauablauf beschrieben, verschiedene Alternativen vorgestellt, sowie deren Vor- und Nachteile diskutiert. Im sechsten Kapitel folgt die Vorstellung der Nutzwertanalyse als Instrument für die Entscheidungsfindung der richtigen Alternativen. Als Beispiel dient hier eine Auswahl verschiedener Dämmstoffe für die es die beste Entscheidung zu treffen gilt. Abschließend bildet das Fazit mit einem zusammengefassten Endergebnis den Schlussteil der Arbeit.

2 Wahl des Baupartners

Das Bauen eines Hauses kann durch eine Vielzahl an Möglichkeiten umgesetzt werden. Je nach Ansprüchen des Bauherren gilt es hierbei abzuwägen, welche Kosten, welches Risiko und welcher Zeitaufwand für den Bauherrn tragbar sind, sowie wie wichtig ihm die Gestaltungsfreiheit ist und vieles mehr.

Die vier grundlegenden Möglichkeiten der Baupartnerwahl, die im Rahmen dieser Arbeit im Mittelpunkt stehen, umfassen

- den Fertighaus- bzw. Massivhausanbieter,
- den Architekten,
- das Generalunternehmen (GU) und
- die Einzelvergabe.

Im Folgenden werden die vier Alternativen näher erläutert.

2.1 Fertig- bzw. Massivhausanbieter

Unter einem Fertighaus versteht man ein industriell vorgefertigtes Haus, das erst vor Ort auf der Baustelle montiert wird. Über das klassische Fertigteilhaus hinaus wird auch der Bau von Häusern in Massivbauweise durch Unternehmen auf dem Markt angeboten, die im Projektablauf dem eines Fertighauses ähneln und deshalb hier mit aufgeführt werden. Unter der Massivbauweise versteht man alle Konstruktionen, bei denen keine Trennung zwischen tragenden und raumabschließenden Funktionen unterschieden werden kann. Es kommen also tragende und massive Wände und Decken zum Einsatz, die den Bau tragen und statisch absichern. Im Gegensatz zur Fertigbauweise werden die notwendigen Materialien zur Baustelle transportiert und erst dort nach und nach in das Bauvorhaben eingebaut.[3] Der Unterschied zwischen Fertig- und Massivhaus liegt demzufolge in der Vorfertigung.

Entscheidet sich der Bauherr für den Bau eines Fertig- oder Massivhauses, so besteht i.d.R. nur ein Werkvertrag mit dem jeweiligen Hausanbieter. Der Bauherr selbst ist nur für die Grundstücksbeschaffung und die Kontrolle und Abnahme des Gebäudes verantwortlich, wobei auch hier teilweise Unterstützung durch das Unternehmen geboten

---

[3] Vgl. DIE MASSIVBAUWEISE: Kern-Haus.

werden kann. Die oben beschriebene Aufgabenverteilung ist in der nachfolgenden Abbildung dargestellt.

Grundstücksbeschaffung	Bauherr
Grundlagen, Entwurf und Planung	Fertighausanbieter/ Massivhausanbieter
Einreichunterlagen, Baubewilligung	
Ausführungsplanung, Ausschreibung und Vergabe	
Detailplanung	
Werkplanung und Bauausführung	
Kontrolle und Abnahme	Bauherr

Tabelle 1.1: Aufgabenverteilung beim Fertig- und Massivhausanbieter [4]

Das Produktportfolio eines Fertig- und Massivhausanbieters umfasst meist viele verschiedene Typenhäuser, mit der Möglichkeit, Wünsche im Aufbau des Hauses einfließen zu lassen oder evtl. ganzheitlich individuell nach den Vorstellungen des Bauherrn zu planen. Ein Fertighaus oder Massivhaus sollten daher v. a. Bauherren in Betracht ziehen, die möglichst schnell und mit hoher Kostensicherheit bauen möchten. Wie jede der vier Möglichkeiten ein Haus zu bauen, bringt auch das Massiv- oder Fertighaus sowohl Vor- als auch Nachteile mit sich. So umfassen die Punkte sich für einen solchen Haustypen zu entscheiden beispielsweise die professionelle Ausführung aus einer Hand und die vergleichsweise geringe Eigeninitiative und Eigenleistung. Wenn sich der Bauherr zudem für ein bereits fertig geplantes Typenhaus entscheidet, also die Wahl auf ein sogenanntes „Haus aus dem Katalog" fällt, entstehen geringere Baunebenkosten. Außerdem zu erwähnen ist, dass i. d. R. eine Preisgarantie besteht, d. h. wenn sich beispielsweise die Baustoffkosten nach Vertragsabschluss erhöhen sollten, so trägt der Hausanbieter die Mehrkosten. Ein weiterer Vorteil liegt in der kurzen Bauzeit, die durch die fehlenden Trocknungszeiten beim Fertighaus noch einmal weitaus geringer als beim Massivhaus ausfällt.[5]

Nachteilig zu sagen ist, dass jede gewünschte Änderung Mehrkosten mit sich bringt - so auch bei höherer Ausführungsqualität, beispielsweise bei einem ökologischen Wandaufbau oder einem höherwertigem Bodenbelag. Darüber hinaus sind nicht immer alle für den

---

[4] AUTOR, in Anlehnung an: Hausbau Guide, Riederer, S. 20
[5] Vgl. HAUSBAU-GUIDE: Riederer, S.17

Hausbau nötigen Leistungen Teil des Werkvertrages des Unternehmens und stellen Bauherrenleistungen dar. Außerdem besteht eine Abhängigkeit zwischen dem Bauherrn und einem Unternehmen, welche sich im Fall eines Konkurses des Fertighausanbieters nachteilig auf den Bauherrn auswirkt.[6]

2.2 Architekt

Will der Bauherr sein Bauvorhaben mit Hilfe eines Architekten umsetzen, so spricht man nach Fertigstellung des Bauvorhabens von einem Architektenhaus. Architekt darf sich dabei nur nennen, wer in die Architektenliste, geführt von der Architektenkammer, eingetragen ist.[7] Architekten planen das Haus individuell nach den Wünschen des Kunden und begleiten im Anschluss den Hausbau als Interessenvertreter des Bauherrn.[8] Die Leistungen eines Architekten sind in der Honorarordnung für Architekten und Ingenieure (HOAI) beschrieben und abgegrenzt. Es wird nach Grundleistungen, die zur ordnungsgemäßen Erfüllung eines Auftrages erforderlich sind, und nach besonderen Leistungen unterschieden. So stellt die zeichnerische Darstellung des Gebäudes beispielsweise eine Grundleistung, das Aufstellen eines Finanzierungsplanes eine besondere Leistung dar. Während die Leistungen detailliert im Architektenvertrag aufgeführt sind, regelt die HOAI v.a. die Vergütung für die Leistungen des Architekten. Das Gesamthonorar teilt sich dabei in neun Teilleistungen, die sogenannten Leistungsphasen (LP) auf, die in der nachstehenden Tabellen zusammengefasst sind.

LP	Leistungen	Prozentsatz des Honorars [in Prozent]
1	*Grundlagenermittlung* Ermitteln der Voraussetzung zur Lösung der Bauaufgabe durch die Planung	2
2	*Vorplanung* (Projekt - und Planungsvorbereitung) Erarbeiten der wesentlichen Teile einer Lösung der Planungsaufgabe	7

---

[6] Vgl. HAUSBAU GUIDE: Riederer, S. 17f.
[7] Vgl. ABWICKLUNG VON BAUVORHABEN: Olzem/Hoffstadt, S. 63.
[8] Vgl. ARCHITEKT, BAUUNTERNEHMER ODER BAUTRÄGER: ImmobilienScout GmbH.

3	*Entwurfsplanung* (System- und Integrationsplanung) Erarbeiten der endgültigen Lösung der Planungsaufgabe	15
4	*Genehmigungsplanung* Erarbeiten und Einreichen der Vorlagen für die erforderlichen Genehmigungen oder Zustimmungen	3
5	*Ausführungsplanung* Erarbeiten und Darstellen der ausführungsreifen Planungslösung	25
6	*Vorbereitung der Vergabe* Ermitteln der Mengen und Aufstellen von Leistungsverzeichnissen	10
7	*Mitwirkung bei der Vergabe* Ermitteln der Kosten und Mitwirkung bei der Auftragsvergabe	4
8	*Objektüberwachung* (Bauüberwachung) Überwachen der Ausführung des Objektes	32
9	*Objektbetreuung und Dokumentation* Überwachen der Beseitigung von Mängeln und Dokumentationen des Gesamtergebnisses	2
Summe		100

Tabelle 1.2: Leistungsphasen der HOAI [9]

Bemessungsgrundlage sind die reinen Baukosten, d. h. ohne die Kosten für Inneneinrichtung und Nebenkosten wie Grundkosten oder Grunderwerbssteuer. Wird ein Architekt für alle LP bestellt, belaufen sich die Gesamtkosten bei einem Einfamilienhaus je nach Honorarzone zwischen 14 und 20 Prozent.[10] Die Honorarzone stellt den Schwierigkeitsgrad eines Bauvorhabens dar und steigt mit höheren Planungsanforderungen am Gebäude. So wird ein durchschnittliches Einfamilienhaus mit Honorarzone III, ein aufwändiges Einfamilienhaus mit Honorarzone IV eingestuft.[11] Bei der Wahl des Architekten in

---

[9] Vgl. ABWICKLUNG VON BAUVORHABEN: Olzem/Hoffstadt, S. 69.
[10] Vgl. HAUSBAU GUIDE: Riederer, S. 29.
[11] Vgl. HONORARZONE: f:data GmbH.

Hinblick auf das wirtschaftliche Bauen eines Einfamilienhauses sollte darauf geachtet werden, dass der Architektenvertrag korrekt aufgestellt ist. So sollten beispielsweise die LP eindeutig aufgelistet sein. Bestandteil sollten zudem ein konkreter Zeitplan sein. Die sogenannte Bonus-Malus-Regelung schafft zusätzlichen Anreiz für das kostengünstigere Bauen für den Architekten, indem ein Erfolgshonorar bei bestimmten Kostenunterschreitungen vereinbart wird.[12] Auch Vereinbarungen für den Fall von Kostenüberschreitungen sind möglich.

Ein Architekt kann der Bauherr beauftragen, wenn der Grundstückskauf abgeschlossen ist. Je nach dem für welche LP ihn der Bauherr bestellt, plant und entwirft der Architekt das Haus und überprüft auf der Baustelle die Ausführung, Qualität und den Fortschritt der Bauarbeiten. Außerdem ist er für die Kontrolle der Baukosten und die Koordination der verschiedenen Fachunternehmen verantwortlich.[13] Die übliche Aufgabenverteilung beim Hausbau in Zusammenarbeit mit einem Architekten ist in der folgenden Tabelle aufgeführt.

Grundstücksbeschaffung	Bauherr
Grundlagen, Entwurf und Planung	Architekt
Einreichunterlagen, Baubewilligung	
Ausführungsplanung, Ausschreibung und Vergabe	
Detailplanung	
Werkplanung und Bauausführung	Firmen und Handwerker
Kontrolle und Abnahme	Architekt

Tabelle 1.3: Aufgabenverteilung bei Zusammenarbeit mit einem Architekten[14]

Vor der Entscheidung für den Bau eines Architektenhauses sollten die verschiedenen Vor- und Nachteile gegeneinander abgewägt werden. Zunächst werden nachfolgend die Vorteile beschrieben. Dazu gehört zum einen die professionelle Begleitung des Bauherrn in allen Bereichen des Bauablaufs, welche wiederum das Risiko für Fehler gering hält. Die Umsetzung der Ideen des Bauherren mittels Architekt bietet eine individuelle Planung, bei der Einfluss auf alle Kostenpunkte genommen werden kann. Dabei kann eine

---

[12]Vgl. BONUS-MALUS-REGELUNG: f:data GmbH.
[13]Vgl. HAUSBAU GUIDE: Riederer, S. 30.
[14]Vgl. AUTOR, in Anlehnung an: Hausbau Guide, Riederer, S. 30.

kostengünstige und zur gleichen Zeit intelligente Planung umgesetzt werden. Diese stehen jedoch den höheren Baunebenkosten in Form des Architektenhonorars negativ gegenüber. Zudem gibt es keine Preisgarantie, wie es beim Fertig- und Massivhausanbieter der Fall ist. Mehrkosten muss deshalb der Bauherr tragen.

2.3 Generalunternehmen

Bei der Bauabwicklung mit einem Generalunternehmen übernimmt der Generalunternehmer (GU) sämtliche Bauarbeiten, ohne die Planungsleistungen, und übergibt dem Bauherrn im Anschluss das schlüsselfertige Haus. Dabei übernimmt er die Werkplanung und den gesamten Bau. Wenn der GU nicht alle Gewerke selbst ausführen kann, so organisiert und koordiniert er eigenständig Subunternehmer. Oftmals ist es möglich auch die Detailplanung in Abstimmung mit dem GU durchzuführen, was häufig kostengünstige Lösungen entstehen lässt. Der Bauherr dagegen ist für die Planung, Baugenehmigung, Ausschreibung, den Bauvertrag, die Baustellenkontrolle und die Endabnahme verantwortlich. Die Aufgabenverteilung in Zusammenarbeit ist im Folgenden tabellarisch dargestellt.

Grundstücksbeschaffung	Bauherr
Grundlagen, Entwurf und Planung	Bauherr
Einreichunterlagen, Baubewilligung	Fachplaner
Ausführungsplanung, Ausschreibung und Vergabe	Bauherr
Detailplanung	GU
Werkplanung und Bauausführung	
Kontrolle und Abnahme	Bauherr

Tabelle 1.4: Aufgabenverteilung beim Generalunternehmen[15]

Auch der GU als Baupartner bietet einige Vor- aber auch Nachteile. Zunächst werden die Vorteile genauer erläutert. Das Bauen mit einem GU kann bei guter Planung günstiger sein als die zuvor genannten Baupartner. Zum einen können Honorare eingespart werden, da das GU nur die Detailplanung, die Organisation und Koordination auf der Baustelle übernimmt. Zum anderen ermöglicht die individuelle Planung Einfluss auf alle Kostenpunkte. Außerdem besteht eine Preisgarantie für alles was in der Baubeschreibung bzw. Bauvertrag schriftlich vereinbart wurde. Bei Baumängeln besteht zudem eine

---

[15]Vgl. HAUSBAU GUIDE: Riederer, S. 35f.

Gewährleistung durch das GU. Nachteilig zu erwähnen ist v.a. der hohe Anteil an Eigenleistung und -initiative. Des Weiteren ist der Bauherr abhängig von einem Unternehmen und geht ein größeres wirtschaftliches Risiko ein, falls das GU Konkurs geht. Da es einen Festpreis gibt, ist das Risiko, dass das GU möglichst kostengünstig baut um einen hohen Gewinn zu erhalten größer.[16]

2.4 Einzelvergabe

Die vierte und letzte Möglichkeit bei der Abwicklung des Hausbaus, die es im Rahmen dieser Arbeit zu diskutieren gilt, ist die Einzelvergabe in Kombination mit der Bauausführung durch den Bauherrn selbst. Einzelvergabe bedeutet, dass die Planung, Beauftragung und Koordination für jedes Gewerk durch den Bauherrn selbst durchgeführt wird. „Selbst Bauen" dagegen heißt, dass zusätzlich die Planung des gesamten Bauvorhabens, die Baugenehmigung, Baustellenkontrolle und Abnahmen durch den Bauherrn erfolgen. Er schließt im Laufe der Bauabwicklung eine Reihe an Verträgen ab, die u. a. den Kaufvertrag für ein Grundstück, einen Architektenvertrag sowie Werkverträge für die einzelnen Handwerkerleistungen umfassen können.[17] Die Aufgabenverteilung bei der Bauabwicklung durch den Bauherrn mit Einzelvergabe ist nachfolgend in der Tabelle zusammengefasst.

Grundstücksbeschaffung	Bauherr
Grundlagen, Entwurf und Planung	Bauherr
Einreichunterlagen, Baubewilligung	Fachplaner
Ausführungsplanung, Ausschreibung und Vergabe	Bauherr
Detailplanung	Bauherr
Werkplanung und Bauausführung	Firmen und Handwerker
Kontrolle und Abnahme	Bauherr

Tabelle 1.5: Aufgabenverteilung bei der Einzelvergabe[18]

Heute wird immer seltener selbst gebaut. Der Hausbau ist um ein Vielfaches komplexer geworden, da heute beispielsweise die Haustechnik umfassender ist als in der Vergangenheit und immer mehr baurechtliche Vorschriften eingehalten werden müssen. Das

---

[16]Vgl. HAUSBAU GUIDE: Riederer, S. 35 ff
[17] Vgl. DER UNTERSCHIED ZWISCHEN GENERALUNTERNEHMER, GENERALÜBERNEHMER & BAUTRÄGER: Butkiewicz.
[18] Vgl.HAUSBAU GUIDE: Riederer, S. 43.

Haus als Bauherr selbst zu bauen, sollte daher nur in Frage kommen, wenn ihm viel Zeit und fachkundiges Wissen sowie die Hilfe anderer Handwerker zur Verfügung steht. Besonders mangelndes Wissen und Erfahrungen stellen hierbei ein großes Risiko dar. Und zwar genau dann, wenn beispielsweise Positionen bei der Ausschreibung vergessen werden und es während der Ausführungsarbeiten zu kostenintensiven Nachträgen der Handwerker kommt. Zu den Vorteilen ohne einen Baupartner im klassischen Sinne zu bauen gehören zum einen die geringeren Baunebenkosten durch das Einsparen von Honoraren und anderen Aufschlägen sowie die geringeren Baukosten, wenn Eigenleistungen in das Bauvorhaben einfließen. Zum anderen kann durch die individuelle Planung ein kostengünstiges und intelligentes Planen umgesetzt werden. Ein Nachteil sind dagegen z. B. die erheblichen Eigenleistungen, die erforderlich sind, um ein Bauvorhaben als Bauherr zu realisieren. Dadurch entsteht ein enormer Zeit- und Organisationsaufwand, der alleine kaum zu stemmen ist und Hilfe erfordert. Längere Bauzeiten, die durch die Koordination der verschiedenen Gewerke durch unterschiedliche Firmen oder Helfer entstehen, bedeuten in der Regel auch höhere Kosten, wie z. B. die Zwischenfinanzierungskosten. [19] Des Weiteren fehlt ein professioneller Partner an der Seite des Bauherrn. Das bedeutet, dass Fachwissen i. d. R. nicht immer und in jeder Phase in vollem Maße mit einfließen kann. So könnte es sein, dass ein professioneller Partner eine Problemstellung anstelle des Bauherrn mit seinen Erfahrungen und einem anderen Blickwinkel für das jeweilige Problem viel kostengünstiger löst. Zudem steigt das Risiko für Fehler, Gewährleistungen für Arbeiten in Eigenregie gibt es dabei nicht. [20]

Zusammenfassend ist zu sagen, dass die Wahl des Baupartners von den unterschiedlichsten Aspekten abhängig ist. Der Anspruch an das Bauvorhaben, Zeitkapazitäten, Kostensicherheit sind dabei nur einige von vielen. Allgemein kann gesagt werden, dass je mehr an Arbeit und Zeitaufwand an Dritte weitergegeben wird, desto teurer wird das Bauvorhaben. Je mehr Zeit und Eigeninitiative der Bauherr investiert, desto mehr kann gespart werden. Ein Fertighaus, Massivhaus oder Architektenhaus eignen sich für Bauherren, die die größte Verantwortung an eine professionelle Begleitung abgeben möchten. Im Gegenzug dazu müssen sie allerdings mehr Geld bezahlen. Mit einem Generalunternehmen als Baupartner können vergleichsweise mehr Kosten gespart werden, die Bauabwicklung erfordert aber mehr Zeitaufwand, Organisation, Planung sowie Eigeninitiative des

---

[19] Vgl. Eigenleistung am Bau, Keller
[20] Vgl. Hausbau Guide: Riederer, S.

Bauherrn. Mit der Einzelvergabe und Eigenleistung kann in der Theorie am meisten gespart werden, erfordert allerdings sehr viel Zeit und Wissen und wird deshalb von wenigen Bauherrn in Betracht gezogen. Nachfolgend sind noch einmal die Leistungen der einzelnen Baupartner tabellarisch zusammengetragen.

	Architekt	Generalunter-nehmer	Fertig- /Massivhaus-anbieter
Grundstücksverkauf	-	-	-
Bauplanung nach Kunden-wunsch	**	*	*/**
Organisation der Baugenehmi-gung	**	**	**
Eigenverantwortliche Bebau-ung	-	-	**
Berücksichtigung von Sonder-wünschen	**	*	*/**
Qualitätskontrolle des Baus	**	**	**
Kostenkontrolle des Baus	**	**	**
Schlüsselfertige Hausübergabe	-	**	**
** ja, * bedingt, - nein			

Tabelle 1.6: Leistungsphasen der Baupartner [21]

---

[21] AUTOR, in Anlehnung an: Architekt, Bauunternehmer oder Bauträger?, Immobilien Scout GmbH.

3 Grundstück

Zu Beginn jedes Bauvorhabens steht der Erwerb eines Grundstücks durch den Bauherrn. Laut Hoffstadt und Olzem kann „die Beschaffung eines geeigneten Grundstücks [dabei] […] über den freien Markt, durch Immobilienmakler oder über die Städte und Kommunen [erfolgen].[22]“ Ist ein passendes Grundstück gefunden, sollte vor Vertragsabschluss geklärt werden, ob das Realisieren des Bauvorhabens auf dem Grundstück zulässig ist. Aufschluss darüber gibt der Flächennutzungs- und Bebauungsplan. Ersterer „[…] umfasst das gesamte Gemeindegebiet und ordnet den voraussehbaren Flächenbedarf für die einzelnen Nutzungsmöglichkeiten, wie Wohnen, Arbeiten, Verkehr, Landwirtschaft und Gemeinbedarf[23].“ Die Inhalte des Flächennutzungsplan werden durch den Bebauungsplan für Baugebiete konkretisiert. Dieser enthält neben Regelungen zu Art und Maß der baulichen Nutzung auch Festsetzungen zur Gestaltung der Bauwerke für jedes Grundstück.[24] Abweichungen des Bauvorhabens vom Bebauungsplan sind nur durch eine Befreiung mit einer Bauvoranfrage bzw. eines Bauantrages möglich.[25] Existiert kein Bebauungsplan für das Grundstück, so muss sich i. d. R. an der Nachbarbebauung orientiert werden.

Auch sollte vor dem Grundstückskauf geklärt werden, welche zusätzlichen Maßnahmen auf dem Grundstück anfallen und welche Mehrkosten damit einhergehend entstehen können. Zusätzliche Kosten kommen vor allem dann auf den Bauherrn zu, wenn Beseitigungen von Bewuchs und Abrissarbeiten durchzuführen sind. Aber auch Kontaminierungen, also Verschmutzungen im Baugrund, sowie ein hoher Grundwasserstand und eine geringe Bodentragfähigkeit können die Baukosten in die Höhe treiben und sollten deshalb im Voraus abgeklärt sein. Ein ebenfalls wesentlicher Punkt, der Mehrkosten im Zuge eines Grundstückkaufs verursachen kann, ist die Lage der Anschlussmöglichkeiten. Liegen die Anschlüsse für Kanal, Strom oder Trinkwasser nicht am Grundstück an, handelt es sich um ein unerschlossenes Grundstück. In diesem Fall können bis zu 15.000 Euro für eine Erschließung hinzukommen.[26]

---

[22] ABWICKLUNG VON BAUVORHABEN: Hoffstadt/Olzem, S. 13.
[23] Vgl. EBD.: S. 22.
[24] Vgl. PLANUNGSATLAS – PRAXISHANDBUCH BAUENTWURF: Heisel, S. 21.
[25] Vgl. ABWICKLUNG VON BAUVORHABEN: Hoffstadt/Olzem, S. 22.
[26] Vgl. GRUNDSTÜCKSKAUF – CHECKLISTE ZUM ABLAUF: Yaprak.

Grundstückswert

Will man den Grundstückswert definieren, so stößt man auf zwei Begriffe – den Marktpreis und den Verkehrswert. Der Marktpreis ist der Preis, zu dem ein Grundstück verkauft wird und entsteht durch Angebot und Nachfrage, stellt also einen subjektiven Wert dar.[27] Er ist deshalb stark abhängig von der Lage. Je beliebter die Lage des Grundstücks, desto mehr Interessenten und weniger Verhandlungsspielraum gibt es i. d. R. für einen Grundstücksmarktpreis.[28] Der Verkehrswert dagegen „ist der Wert […]des Baugrundstückes der nach objektiv ermittelbaren Wertansätzen, z.B. Lage des Grundstücks, Beschaffenheit des Bodens, Grad der Erschließung [und] Bodenrichtwert […].[29]"

Orientieren kann sich der Kaufinteressent mithilfe der Bodenrichtwertkarte. Bodenrichtwerte stellen durchschnittliche Lagewerte des Bodens für Grundstücke innerhalb eines abgegrenzten Gebiets dar, die in ihrem Entwicklungszustand, also beispielsweise Erschließungszustand, Bebaubarkeit und Bauweise, übereinstimmen. Diese werden durch den Gutachterausschuss, einer Zusammensetzung aus Sachverständigen, aufgestellt und regelmäßig überprüft.[30]

Grundstückskosten

Stimmen die ästhetischen und finanziellen Grundlagen des Grundstücks für den Käufer, sollten im nächsten Schritt weitere Prüfungen durchgeführt werden, bevor die Vertragsabwicklung beginnt. Diese sollten

- eine Abklärung bzgl. eines Bestehens eines Vorkaufsrecht,
- das Einsehen des Grundbuchs und
- des Baulastenverzeichnisses umfassen.

In seltenen Fällen kann für ein Grundstück ein Vorkaufsrecht der Gemeinde bestehen, welches der Gemeinde ein Vorrang beim Kauf des jeweiligen Grundstücks gegenüber anderen Interessenten einräumt. Wichtig ist deshalb nach Vertragsabschluss beim Notar die sogenannte Bodenverkehrsgenehmigung bei der Gemeinde einzuholen und dem Notar vorzulegen.

---

[27] Vgl. ABWICKLUNG VON BAUVORHABEN: Olzem/Hoffstadt, S. 14.
[28] Vgl. GRUNDSTÜCKSTIPPS – ABLAUF & TIPPS: ImmoVerkauf24 GmbH.
[29] Vgl. ABWICKLUNG VON BAUVORHABEN: Olzem/Hoffstadt, S. 14.
[30] Vgl. EBD.: S. 18.

Auch vor dem Kauf sollte das Grundbuch eingesehen werden um zu wissen, ob das Grundstück mit Grundpfandrechten belastet oder Lasten und Beschränkungen existieren. Das Grundbuch informiert über die privaten Eigentumsverhältnisse und die Rechte Dritter am Grundstück, z. B. die Grundschuld. Es wird beim Grundbuchamt geführt und weist das Bestandverzeichnis und drei Abteilungen auf. Während im Bestandverzeichnis die Merkmale des Grundstücks beschrieben werden, sind in der ersten Abteilung die Eigentumsverhältnisse definiert. In der zweiten Abteilung wiederum sind die Lasten und Beschränkungen der Grundstücke, wie Wege- und Kanalleitungsrechte, dargelegt. In der dritten und letzten Abteilung sind die Grundpfandrechte, wie beispielsweise Hypotheken oder Grundschulden, beschrieben. Ergänzend zum Grundbuch gibt es in Deutschland das Baulastenverzeichnis, welches über die öffentlich-rechtlichen Verpflichtungen, die sogenannten Baulasten, eines Grundstückeigentümers gegenüber der Baubehörde informiert. Typische Baulasten sind beispielsweise das Wegerecht des Nachbarn oder die Verpflichtung, eine bestimmte Abstandsfläche zum Grundstück des Nachbarn einzuhalten.[31] Immobilieninteressente sollten deshalb im eigenen Interesse wegen möglicher Einschränkungen der Bebauungsmöglichkeiten auf dem Grundstück frühzeitig Auskünfte bei der Baugenehmigungsbehörde einholen.[32]

Die Aufsetzung eines Kaufvertrages zwischen den Parteien wird in Deutschland durch einen Notar begleitet. Der besorgt zunächst die Auflassungsvormerkung. Diese ist eine vorläufige Eintragung im Grundbuch und stellt eine vertraglich rechtliche Zusicherung des Erwerbs unter den im Kaufvertrag festgesetzten Bedingungen dar. Da die tatsächliche Eintragung im Grundbuch, die Auflassung, mehrere Wochen andauern kann, erfolgt die Auflassungsvormerkung.

Ist der Vertrag unterschrieben, zeigt der Notar den Vertrag beim Finanzamt an, damit die Grunderwerbssteuer festgesetzt werden kann. Nach Zahlung des Kaufpreises erfolgt die Übergabe der Grundstücksunterlagen durch den Verkäufer an den Käufer. Das Grundbuchamt trägt den Käufer als Eigentümer ein. Der Kaufpreis wird dann üblicherweise zunächst auf das Notaranderkonto überwiesen und erst nach der rechtswirksamen Eintragung in das Grundbuch durch an den Verkäufer weitergeleitet. Dieser Vorgang wird in nachfolgender Abbildung dargestellt.

---

[31] Vgl. BAULASTENVERZEICHNIS: Was steht darin? Wer darf es einsehen?, Hagen
[32] Vgl. ABWICKLUNG VON BAUVORHABEN: Olzem/Hoffstadt, S. 16

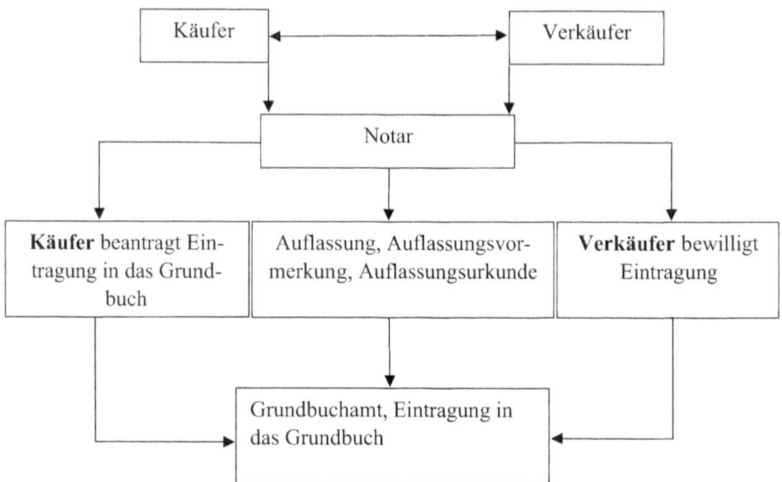

Abbildung 3.1 :Von der Kaufabsicht zum Grundbucheintrag

4 Kosten- und Vorentwurfsplanung

Ziel dieses Kapitels ist es, herauszuarbeiten wie sich die Gesamtprojektkosten zusammensetzen und wie der Kostenrahmen durch Kosteneinsparungen gering gehalten werden kann. Im Anschluss soll die Vorentwurfsplanung vorgestellt und am Beispiel eines Mustereinfamilienhauses unter Berücksichtigung der Kosteneinsparungsaspekte verdeutlicht werden. Diese zwei Themen werden in einem Kapitel behandelt, da sie in großem Maße voneinander abhängen und sich gegenseitig beeinflussen.

4.1 Projektgesamtkosten

Einer der wichtigsten Kriterien beim wirtschaftlichen Hausbau sind die Kosten. Ein Kostenrahmen hilft, die Kosten realistisch einzuschätzen zu können und anstehende Entscheidungen in der Planung zielgenau zu treffen. Nur durch eine realistische Kalkulation kann das Bauprojekt erfolgreich werden. Als Bauherr selbst allen Planungen voranstehend macht es deshalb Sinn, einen ersten groben Kostenrahmen aufzustellen. Zu wissen wie sich die Gesamtkosten des Bauvorhabens zusammensetzen ist elementar und werden deshalb im Laufe des Kapitels detailliert beschrieben. Die Gesamtkosten des Projektes setzen sich dabei aus

- Grundstückspreis,
- Grundstücksnebenkosten,
- den Baukosten und
- Baunebenkosten

zusammen und werden nachfolgend vorgestellt .[33]

Grundstückspreis

Der Grundstückspreis ist der tatsächliche Kaufpreis, den der Bauherr ohne jegliche Nebenkosten für ein Grundstück zahlt. Dieser ergibt sich aus dem Quadratmeterpreis, multipliziert mit der Grundstücksgröße.

Wenn noch kein konkretes Grundstück gefunden ist, können die Kosten des Baugrundes in der gewünschten Lage mittels Bodenrichtwerte abgeschätzt werden. Der

---

[33]Vgl. Hausbau-Guide: Riederer, S. 68.

Bodenrichtwert ist ein Durchschnittswert für Grundstücke mit ähnlichen Nutzungs- und Wertverhältnissen innerhalb eines Gebietes.[34]

Grundnebenkosten

Als Grundnebenkosten werden alle Kosten bezeichnet, die im Zusammenhang mit dem Grundstück stehen. Hierunter fallen beispielsweise Kosten für Makler, Notar, Grundbuch und Finanzierung, sowie anfällige Maßnahmen am Grundstück, wie ein geologisches Bodengutachten. Auch sollten die Erschließung, Anschlussgebühren und auch die Aufschließungskosten und kommunale Beiträge in die Berechnungen mit einbezogen werden. Die Grundstückskosten können mit 15 Prozent des Grundstückspreises plus 15.000 Euro für Vermessung, Bodengutachten, Erschließung, Anschlussgebühren und kommunale Abgaben als Faustformel einberechnet werden.[35]

Baukosten

Die Baukosten enthalten laut Keller alle Kosten für die Errichtung eines Gebäudes ohne die Aufwendungen für das Baugrundstück oder dessen Erschließung. Dazu gehören die Kosten des Gebäudes, die Außenanlagen sowie jene für die Betriebseinrichtungen, also die Betriebstechnik.[36] Die Baukosten können abgeschätzt werden, indem sich der Bauherr darüber bewusst ist, in welcher Größe und Ausführungsvariante sein Haus erbaut werden soll. Als Richtwert legt Riederer für ein sehr kostensparend geplantes Haus 1.500 Euro pro Quadratmeter, für ein Haus mit vielen Sonderwünschen 2.500 Euro pro Quadratmeter als Quadratmeter-Baupreis fest.[37]

Baunebenkosten

Die Baunebenkosten stellen eine spezielle Gruppe der Baukosten dar und beinhalten die Honorare und Planungskosten sowie Kosten zur Finanzierung, Gebühren, Versicherungen und Reserven für ein höheres Risiko. Je nach dem welcher Baupartner dem Bauherrn während dem Hausbau zur Seite steht, fallen die Baunebenkosten unterschiedlich aus. So können beim Architekten mit rund 30 Prozent der Baukosten, beim Fertig- und Massivhausanbieter mit ca. 10 Prozent kalkuliert werden. Beim GU sollten etwa 24 Prozent, und bei der Einzelvergabe rund 20 Prozent angesetzt werden. Allerdings sollte an

---

[34]Vgl. BODENRICHTWERTE: Staatsbetrieb Geobasisinformation und Vermessung Sachsen.
[35] Vgl. HAUSBAU GUIDE: Riederer, S. 72f.
[36] Vgl. BAUKOSTEN: Keller.
[37] Vgl. HAUSBAU GUIDE: Riederer, S.76

dieser Stelle auch bedacht werden, dass trotz hoher Honorare beim Architekten und GU die individuelle Planung das optimierte und kosteneffiziente Planen erst möglich macht. Der Bauherr entscheidet hier entsprechend die Ausführungsvariante, wo er Wert auf Qualität legt und wo er sie reduzieren möchte. Dies ist auch beim Fertig- und Massivhausanbieter möglich, man sollte im Falle einer individuellen Planung jedoch mit einem höherpreisigen Haus rechnen.[38]

Die Kostenplanung kann zum einen über das Maximal-, zum anderen über das Minimalprinzip der Wirtschaftlichkeit vollzogen werden. Das Maximalprinzip auf der einen Seite sagt aus, dass dem Bauherrn ein bestimmter Betrag an Geld zur Verfügung steht und versucht damit ein Maximum an Bauleistung zu verwirklichen. Das Minimalprinzip wiederum bedeutet, dass der Bauherr ein bestimmtes Raum- und Bauprogramm mit möglichst wenig Kosten ausführen möchte. Unabhängig davon, welches der zwei Prinzipien der Bauherr verfolgt, wichtig ist es, nicht nur die Herstellungskosten des Gebäudes, sondern auch die Folge- und Betriebskosten in der Planung zu berücksichtigen. Der Bauherr sollte deshalb während der Planungsdauer in Zusammenhängen denken. Mit jeder Bauentwurfsentscheidung fällt auch eine Entscheidung über die Folge- oder Betriebskosten. So sollte er beispielsweise bei der Vernachlässigung der Wärmedämmung beachten, dass hohe Folgekosten bezüglich der Heizkosten entstehen.[39]

Um wirtschaftlich planen zu können ist es trotz alledem wichtig zu wissen, wo effektiv Kosten gespart werden können, ohne dass die Folge- und Betriebskosten im Nachhinein nachteilig beeinflusst werden. Nachfolgend werden deshalb die Aspekte der Kosteneinsparungen beschrieben.

4.2 Aspekte der Kosteneinsparungen

Die Berücksichtigung von Aspekten der Kosteneinsparung ist wichtig, um kostenoptimiert zu bauen. Diese sollten vor der Entwurfsplanung bedacht werden, um die Baukosten durch jede Entscheidung beeinflussen zu können. Die vorzustellenden Aspekte setzen sich aus Einsparungen

- der Menge,
- in der Ausführungsvariante,

---

[38] Vgl. EBD. S. 81f.
[39] Vgl. BAUKOSTEN SENKEN: Brehmer/Beckmann, S. 141.

- durch Eigenleistung und

- energieeffizientes Bauen

zusammen und werden in den nachfolgenden Kapiteln näher erläutert.

4.2.1 Einsparung der Menge

Die Reduzierung der Menge ist beim Sparen im Rahmen des Hausbaus am effizientesten. Dies kann durch

- eine Einsparung der Wohnfläche,

- einen kostensparenden Baukörper,

- die Reduktion der Wände,

- die Wahl der Dachform,

- den Verzicht auf einen Keller und ausgebauten Dachboden,

- die Reduktion der Elektroinstallationen,

- eine Bündelung der technischen Installation und möglichst kurze Leitungswege

umgesetzt werden.

Auch durch die Einsparung von Wohnfläche in Kombination mit einer optimalen Nutzung der vorhandenen Fläche kann bei richtiger Planung ein großzügiges Raumprogramm ergeben. In diesem Zuge kann auch der Aspekt des kostensparenden Baukörpers und die Reduktion der Wände mit in die Planung einbezogen werden. Je einfacher und kompakter die Hausform, desto preiswerter wird sie. So ist ein quadratischer Grundriss günstiger als ein Winkelförmiger und ein Kubus ohne Vorsprünge günstiger als ein Haus mit vielen Vorsprüngen und Erkern. Laut Brehmer und Beckmann liegen die Bauwerkskosten bei gleicher Wohnfläche bei einem winkelförmigen Grundriss etwa 10 bis 16 Prozent über denen eines quadratischen Grundrisses.[40] Offene Grundrisse durch zusammengelegte Räume, Mehrfachnutzungen und Verzicht auf Gänge oder mehrere Badezimmer führen zu einer Einsparung der Grundfläche. Somit können auch Innenwände und die zugehörigen Türen gespart werden.[41]

---

[40] Vgl. BAUKOSTEN SENKEN: Brehmer/Beckmann, S. 161
[41] Vgl. HAUSBAU-GUIDE: Reiherer, S. 159f.

Das Dach eines Hauses dient in erster Linie dem Schutz des Mauerwerks. Doch es hat auch einen maßgeblichen Einfluss auf die Optik und den Preis eines Hauses. So spielt v.a. die Wahl der Dachform eine große Rolle um Kosteneinsparungen des Bauvorhabens zu steigern. Einfache Formen, wie Satteldächer, sind günstiger als Aufwändigere, wie Walmdächer. Flachdächer sollten wiederum nur verwendet werden, wenn ein Mindestgefälle von 2,5 Prozent an allen Stellen gegeben ist, es sich um eine einschalige Konstruktion handelt und es hundertprozentig in allen Details durchdacht ist. Billigausführungen sind hier zu vermeiden, die Reparaturen, z. B. wegen Undichtigkeit, eines solchen Flachdaches sind sehr preisintensiv. Bei der Dachneigung gilt: Je steiler desto teurer. Generell sollten Dachvorsprünge vermieden und Dachflächenfenster statt Gauben oder Erkern gewählt werden.[42] Oftmals muss sich hierbei allerdings an die Festschreibungen des Bebauungsplans gehalten werden, der häufig die Dachform und die Neigung, manchmal auch die Farbe der Eindeckung vorschreibt.[43]

Die Mehrkosten einer Unterkellerung eines freistehenden Einfamilienhauses betragen 180 bis 425 Euro pro Quadratmeter im Vergleich zu einer Bodenplatte. Die Entscheidung mit oder ohne Keller zu bauen verlangt in der Planung unterschiedliche Raumkonzepte gegeneinander abzuwägen. Wird auf eine Unterkellerung verzichtet, muss Raum für Haustechnik und Stauraum in den anderen Geschossen geschafft werden. Ein wasserundurchlässiger Betonkeller ist dazu teurer als ein gemauerter Keller, sollte aber in Betracht gezogen werden, um Nässe im Untergeschoss vorzubeugen. Neben den erhöhten Baukosten sprechen auch eine geringere Barrierefreiheit im Haus, ein höherer Zeitaufwand beim Bau sowie die geringe Tageslichtversorgung gegen einen Keller.[44]

Eine Einsparung der Elektroinstallation kann erreicht werden, indem Stromkreise zusammengefasst und Steckdosen und Lichtschalter reduziert werden. Mehrfachschalter und -steckdosen sind darüber hinaus günstiger als ihre Einzelausführungen.

4.2.2 Einsparung in der Ausführungsvariante

Auch günstigere Ausführungsvarianten sind geeignete Sparmaßnahmen um die Baukosten weiterhin zu reduzieren. Allerdings sollten hier keine Abstriche in der Qualität getätigt werden, um ein besseres Raumklima und eine lange Lebensdauer des Gebäudes zu

---

[42]Vgl. BAUKOSTEN SENKEN: Brehmer/Beckmann, S. 164f.
[43]Vgl. HAUSBAU-GUIDE: Riederer, S. 298
[44]Vgl. KELLER BAUEN – JA ODER NEIN?: Dittmann

erhalten. „Wer billig kauft, kauft teuer", so ein Sprichwort. Denn sparen sollte man nicht um jeden Preis. Laut Hustert „[…] sollte man nicht bei Dingen [sparen], die zunächst billig sind, später dann aber doch teuer werden"[45]. Dazu gehört beispielsweise eine ineffiziente Heiztechnik oder mangelnde Energiesparmaßnahmen.[46] Da der Ausbau in dieser Arbeit nicht behandelt wird und der Fokus auf dem Rohbau liegt, wird auf die Ausführungsvarianten nicht im Detail eingegangen, stellt aber dennoch ein großes Einsparpotenzial im Rahmen des Hausbaus dar.

4.2.3 Einsparung durch Eigenleistung

Kosten beim Hausbau können auch gespart werden, indem Leistungen durch den Bauherrn übernommen werden. In welchem Umfang der Bauherr Eigenleistungen erbringen kann, hängt von seinen Fähigkeiten und der zur Verfügung stehenden Zeit ab. Eigenleistungen beim Bau eines Hauses für ungeübte Heimwerker sind beispielsweise Maler- und Tapezierarbeiten, sowie Trockenbauarbeiten, das Verlegen von Bodenbelägen oder das Herrichten von Außenanlagen. Für Heimwerker mit Erfahrung sind dagegen auch die Ausführung von Teilen der Rohbauarbeiten denkbar. Da der Rohbau etwa 37 Prozent der Gesamtbaukosten ausmacht, existieren hier entsprechend hohe Einsparpotenziale. Die Risiken dabei sind allerdings undichte Stellen oder gar ein unbrauchbarer Rohbau. Bauherren, die den Hausbau durch Eigenleistung unterstützen können knapp 10% der Baukosten sparen, müssen allerdings auch ca. 850 Stunden dafür einkalkulieren, so die Berechnungen des Verbands Privater Bauherren e.V. (Stand Baupreise 08/2008 im Raum München). Das Vorhaben, Eigenleistungen in das Bauprojekt zu integrieren, sollte deshalb genau und v. a. realistisch geplant sein. Andernfalls kann es bei unpräziser Arbeitsplanung schnell zu Zeitverzögerungen kommen, was oftmals zusätzliche Kosten verursacht, z. B. durch verlängerte Mietzahlungen der alten Wohnung. Unsauber erbrachte Leistungen führen häufig zu kostenintensiven Nachbesserungen. Ratsam ist es in jedem Fall, Freunde und Familie mit in den Hausbau einzubeziehen sofern diese Fähigkeiten im Bereich Heimwerken besitzen. In diesem Zuge ist allerdings immer auch die Versicherung der Mithelfenden Pflicht.[47] Bei einem Fertighausbau kann ein Bausachverständiger in diesem Zusammenhang für Aufklärung sorgen und weiß, ob der Bauvertrag regelt, was an Eigenleistung und was durch den Anbieter organisatorisch als auch zeitlich erbracht

---

[45] GÜNSTIG INS EIGENHEIM: Hustert.
[46] Vgl. Ebd.
[47] Vgl. EIGENLEISTUNG BEIM HAUSBAU: HausXXL.

wird. Möglich ist das Übernehmen von Eigenleistungen nicht nur bei der Einzelvergabe, sondern kann unabhängig vom Baupartner vereinbart werden. Viele Fertig- und Massivhausanbieter bieten ihre Häuser darüber hinaus in verschiedenen Ausbauvarianten an, wobei die Außenhülle vom Hausanbieter und der Innenausbau durch den Bauherrn durchgeführt wird.

4.2.4 Einsparung durch energieeffizientes Bauen

Ein weiterer, nicht immer sichtbarerer Aspekt der Kosteneinsparungen sind die Kosten durch energieeffizientes Bauen zu reduzieren. Dazu zählen sowohl die Investitionskosten auch als Folgekosten in Form der Betriebskosten, die es gering zu halten gilt. Um den Heizenergiebedarf reduzieren zu können, können einfache, aber sehr effektive Maßnahmen umgesetzt werden. Zum einen haben Sonne und Wind einen erheblichen Einfluss auf die Energieeffizienz des Hauses, was zu Nutze gemachte werden kann, in dem die Ausrichtung und Orientierung des Hauses nach den Himmelsrichtungen beachtet wird. Da die Sonne bekanntermaßen im Osten auf- und im Westen untergeht, ist es im Süden am sonnigsten und im Norden am kältesten. Diese Tatsache führt durch das Einsetzen von großen Glasflächen in der Süd- oder Westseite des Hauses und eine verschlossene Fassade nach Norden zum Erzeugen von Heizwärme durch passive Sonnenenergie. Eine optimale Speicherung dieser Wärme kann durch massive Bauteile wie Ziegelmauern, Betondecken, aber auch Stein- oder Fliesenböden erzeugt werden. Diese sorgen dafür, dass Temperaturspitzen im Sommer ausgeglichen und im Winter die Heizwärme im Haus länger gespeichert werden kann. Ebenso zu einem guten Klima im Inneren des Hauses beitragend, gehören das Fernhalten der hochstehende Sommersonne von den Glasflächen und das Hineinlassen der tiefstehenden Wintersonne. Dieses Prinzip wird nachfolgend in der Abbildung verdeutlicht.[48]

Abbildung 4.1: Ausrichtung des Hauses nach der Sonne[47]

---

[48] Vgl. HAUSBAU GUIDE: Riderer, S. 145ff.
[49] Vgl. EBD.: S. 148 f.

Um die Heizenergie weiterhin senken zu können, sollte auf das Verhältnis zwischen Volumen und Oberfläche am Haus geachtet werden. Je kompakter das Haus und je weniger Außenwand- und Deckenoberflächen es aufweist, desto weniger Wärme geht verloren.

Über die voranstehend beschriebenen Punkte der Heizenergiereduktion hinaus, besteht für den Bauherrn die Pflicht die gesetzlichen Vorschriften der Energiesparverordnung (EnEV) zu beachten und diese in die Planung des Hauses einfließen zu lassen. Diese führt durch die Maßnahmen der Energiereduktion ebenso dazu, dass langfristig Betriebskosten eingespart werden können oder Ansprüche auf Zuschüsse für den Bauherr entstehen. Sie werden deshalb nachfolgend näher erläutert. Ziel der EnEV „[…] ist, den Energiebedarf und somit den CO_2-Ausstoß von Gebäuden zu senken und den Anteil an erneuerbaren Energien […] zu erhöhen.[50]" Neben Vorschriften der EnEV für Nachrüstungen und Sanierungen, nimmt der Neubau von Gebäuden den größten Teil der Verordnung ein. Hier wird das Ziel gesetzt, den Primärenergiebedarf zur Beheizung des Gebäudes und Warmwasserbereitung gering zu halten. Die Betrachtung der Primärenergie bezieht auf der einen Seite die Endenergie ein, also die Energiemenge, die von außen ins Haus geliefert wird. Auf der anderen Seite wird darin berücksichtigt, welcher Energieträger verwendet und welche Auswirkungen damit auf die Umwelt verbunden sind. So bringt die Nutzung erneuerbaren Energien, z.B. durch Solaranlagen, bei der Bilanzierung Vorteile gegenüber Strom oder Gas. Auch werden bei der Ermittlung der Energiebilanz neben der Raumheizung auch die Warmwasserbereitung, Lüftungsanlagen und die insgesamt für den Anlagenbetrieb benötigte elektrische Hilfsenergie, wie z.B. durch Pumpen, berücksichtigt. Weitere Festschreibungen der EnEV beinhalten die Luftdichtigkeit und die Reduzierung von Wärmebrücken des Gebäudes. Ein weiterer Bestandteil der EnEV sind die „KfW-Energieeffizienzhäuser", die durch die Förderprogramme des Bundes definiert und über die KfW-Förderbank mit Zuschüssen oder zinsgünstigen Krediten unterstützt werden. Je nachdem welche Zahl dem KfW-Effizienzhaus angehängt ist, gibt sie den Primärenergiebedarf des Gebäudes als prozentualen Anteil zu einem theoretischen Referenzhaus aus der EnEV an. Je kleiner diese Zahl ist, desto besser die Energieeffizienz und desto höher die KfW-Förderung. Empfehlenswert ist der Bau eines Hauses mit möglichst hohen

---

[50] Vgl. ABWICKLUNG VON BAUVORHABEN: Olzem / Hoffstadt, S. 29

Energiestandards nicht nur wegen der Förderungen, sondern auch um die schnelle bautechnische Überholung des Gebäudes zu vermeiden.[51]

4.3 Vorentwurf

Der Vorentwurf beinhaltet nach HOAI die Projekt- und Planungsvorbereitungen und dient u. a. dazu die Grundlagen zu analysieren, die Leistungen mit den an der Bauplanung Beteiligten abzustimmen sowie die Genehmigungsfähigkeit zu prüfen. Dieser muss unabhängig davon, mit welchem Baupartner zusammengearbeitet wird, umgesetzt werden und stellt einen wichtigen Bestandteil der Bauabwicklung dar. Ein wichtiger Bestandteil der Vorplanung ist die Erarbeitung eines Planungskonzeptes, in dem die gestalterische, funktionelle und energiewirtschaftliche Lösungskonzepte des Hausbaus erarbeitet werden. Diese sollten dabei auch mit den Wirtschaftlichkeitsanforderungen des Bauherrn kongruieren.[52]

Auf Grundlage der in den vorherigen Kapitel beschriebenen Aspekte der Kosteneinsparungen, werden im Folgenden die Grundrisse des Mustereinfamilienhaus entworfen, welche ein Teil des Planungskonzepts in gestalterischen und wirtschaftlichen Gesichtspunkten darstellen. Es wird dabei angenommen, dass die Anforderungen des Bebauungsplans den Entwürfen des Musterprojektes entsprechen. Die Einordnung des Bauvorhabens in einen amtlichen Lageplan wird außen vor gelassen. Es handelt sich um ein 1,5 geschossiges Haus mit Satteldach, für das nachfolgend die Grundrisse dargestellt sind. Der Baukörper wurde auf einem rechteckigem Grundriss ohne Vor- oder Rücksprünge geplant. Auf einen Keller oder ausgebauten Dachboden wurde verzichtet. Auf diese Weise kann eine geringere Neigung des Daches realisiert

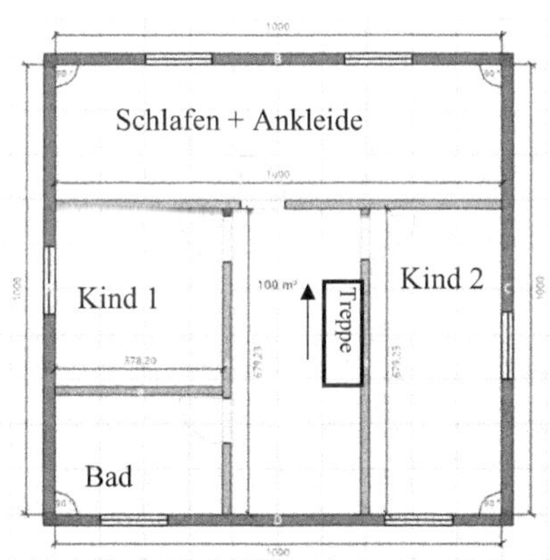

Abbildung 4.2: Grundriss OG des Musterprojektes[53]

---

[51] Vgl. EBD.: S. 42.
[52] Vgl. EBD. S. 49 ff.
[53] AUTOR.

Abbildung 4.3: Grundriss EG des Muster-projektes[54]

werden, die Material und Bauleistung einsparen lässt. Durch die hohe Lebensdauer ist das Satteldach zudem auch langfristig kosteneffizient. Das Zusammenlegen der Küche, des Wohn- und Essbereichs bringt eine Kosteneinsparung durch den Entfall von Innenwänden und -türen. Es entstehen größere Räume bei gleichzeitig weniger Fläche. Das gleiche Prinzip entsteht beim Zusammenlegen von Hauswirtschaftsraum und Abstellkammer sowie für Schafzimmer und Ankleide. Die geraden Wandlinien im Grundriss lassen die Gesamtwandlängen gering halten.

---

[54]AUTOR.

5 Ausführungsplanung

In diesem Kapitel wird auf den Ablauf der Bauausführung und die Bauweise sowie Material anhand des Gewerks Rohbau eingegangen. Dabei werden im Rahmen dieser Arbeit die Teilleistungen Erdarbeiten, deren Vorbereitung und die Errichtung der Wände einschließlich der Dämmsysteme erläutert und die verschiedene Ausführungsalternativen verglichen um einen Einblick in die praktische Ausführung des Bauprojekts zu erhalten. Maßgebend ist dabei das Musterprojekt, welches in Kapitel 4.2 vorgestellt wurde.

5.1 Vorbereitende Maßnahmen

Bevor mit den Erdarbeiten und damit den ausführenden Arbeiten des Hausbaus begonnen werden kann sind einige Vorbereitungen zu treffen. Dazu gehört an erster Stelle eine Baugrunduntersuchung, die Auskunft über die Beschaffenheit des Bodens, die Lagerungsdichte und das Verhalten bei Belastung gibt. Elementar ist in jedem Fall einen Überblick über die im Baugrund vertretenden Bodenarten und deren Schichtenaufbau zu erlangen. Unterschieden wird im Wesentlichen zwischen nichtbindigem und bindigem Boden, wobei ersterer aus unterschiedlicher Kornzusammensetzung besteht. Bindige Böden dagegen bestehen aus sehr kleinen, plättchenartigen Bestandteilen, wie Schluff und Ton. Bei Wasserzufuhr verlieren die bindigen Böden aufgrund ihres Wasserspeichervermögens deutlich an Tragfähigkeit während die Tragfähigkeit von nichtbindigen Böden nicht von der Bodenfeuchtigkeit sondern nur von der Dichte der Lagerung abhängt.[55] So kann die Baugrunduntersuchung und das Wissen über den Bodenaufbau Aufschluss über die auftretenden Setzungen durch Druckbelastungen des Bauwerks und deren Tragverhalten berechnet und nötige Maßnahmen getroffen werden. Entspricht der Boden nicht den nötigen Anforderungen, hat also beispielsweise keine ausreichende Tragfähigkeit oder ein ungünstiges Verformungs- oder Wasserdurchlässigkeitsverhalten, kann eine Bodenverbesserung oder -verfestigung in Betracht gezogen werden. Die Durchführung der sogenannten Laga-Analyse untersucht ob Verunreinigungen des Bodens vorliegen und wie eine Entsorgung des Baugrundes abgewickelt werden kann und sollte ebenso zu den vorbereitenden Maßnahmen gehören.

---

[55] Vgl. BAUBETRIEB PRAXIS KOMPAKT: Rossbach/Al Ghanem, S. 11.4.

Viele Gemeinden schreiben ihren Bauherren zudem vor das anfallende Niederschlagswasser auf dem Baugrundstück versickern zu lassen um einer Überlastung der Kläranlagen durch die Einleitung in das öffentliche Abwassernetz vorzubeugen. Existieren keine Vorschriften bezüglich der Versickerung für das jeweilige Grundstück, sollte überprüft werden, ob das Einleiten des Regenwassers in das öffentliche Abwassernetz oder das Errichten einer Versickerungsanlage kostengünstiger ist. Je nach Flächenverfügbarkeit und Versickerungsfähigkeit können verschiede Versickerungsanlagen umgesetzt werden. Um eine zielgenaue Planung der Versickerungsanlage zu ermöglichen und Mehrkosten zu vermeiden sollte ein Versickerungsgutachten erstellt werden, das Aufschluss über die Versickerungsfähigkeit des Bodens gibt. Möglichkeiten eine Versickerung auf dem Grundstück umzusetzen sind beispielsweise die Versickerungsmulde, die Rigolen- und die Schachtversickerung, welche nachfolgend bildlich veranschaulicht werden.[56]

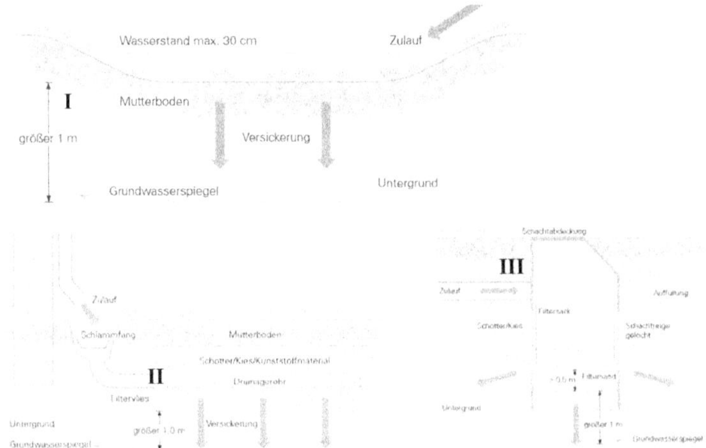

Abbildung 5.1: Entwässerungsmulde (I), Rigole (II) und Schachtversickerung (III)

Während die Versickerungsmulde das Grundwasser flächenhaft an der Oberfläche sammelt und versickern lässt, handelt es sich bei der Rigole um einen kiesverfüllten Graben, der als Pufferspeicher wirkt um das eingeleitete Wasser aufzunehmen und zu versickern. Die Schachtversickerung dagegen lässt das Regenwasser punktuell über einen unterirdischen Schacht versickern. Diese kommt nur dann zur Anwendung, wenn die Platzverhältnisse beengt sind oder der Boden nicht ausreichend sickerfähig ist. Die

---

[56] Vgl. VERSICKERUNGSGUTACHTEN: gagv.

Schachtversickerung stellt die aufwendigste der drei Methoden dar und ist aus diesem Grund um ein Vielfaches teurer als die ersten beiden Anlagen.[57]

Unverzichtbar im Hinblick auf die zu treffenden Vorbereiten sind zudem Kenntnisse über die Grundwasserverhältnisse zu gewinnen, v. a. dann, wenn die Ausführung von Kellergeschossen geplant ist. Untersucht werden muss dabei, ob Grundwasser mit Bauwerksteilen, wie Außenwandflächen und Boden- und Deckenplatten, in Berührung kommen kann. Bei Bedarf müssen im Anschluss geeignete Maßnahmen getroffen werden.

Allgemein kann gesagt werden, dass Wände, die mit Bodenfeuchte in Kontakt kommen mit wasserdichten Materialien abgedichtet und eine, gegen aufsteigende Feuchte, horizontale Sperre in der Mauer gesetzt werden. Im Gegensatz dazu sollte, wenn Bauwerksteile mit stauendem oder drückendem Wasser in Berührung kommen, eine sogenannte weiße Wanne, einer monolithischen Abdichtung aus wasserundurchlässigem Beton, ausgeführt werden. Um das Haus weiterhin von unten trocken zu halten und Stauwasser abzuleiten, werden Gebäudedränagen und, wenn nötig, weitere Systeme zur Baugrundentwässerung angeordnet. Diese stellen das unterirdische Abführen von Schichtenwasser mittels perforierter Rohre dar.

Bei der Planung und Ausführung der Gründung muss zudem an die Wasserversorgung und Entsorgung, sowie die Stromversorgung des Bauvorhabens gedacht werden. Bei der Wasserversorgung spricht man von der Zuführung von Trinkwasser aus dem öffentlichen Leitungsnetz, unter der Entsorgung wiederum versteht man das Ableiten von im Haus anfallendem Schmutzwasser zur Kläranlage.

Zusammenfassend kann gesagt werden, dass in jedem Fall das Vorhandensein von nicht bindigem Boden für eine hohe Tragfähigkeit, keine Kontaminierungen im Baugrund und ein Grundwasserstand, der unterhalb der Baugrubensohle endet, ideale Voraussetzungen für den Hausbau darstellen. Je mehr Abweichungen dieses Idealzustandes existieren, desto mehr Maßnahmen müssen getroffen werden um das Erreichen eines optimalen Zustandes zu gewährleisten und desto mehr Kosten entstehen zusätzlich. Positiv wirkt sich den Gesamtkosten des Bauvorhabens außerdem eine geringe Entfernung der öffentlichen Versorgeranschlüsse vom Haus entgegen. Andernfalls fallen mit jedem Zentimeter

---

[57] Vgl. SCHACHTVERSICKERUNG: Jentsch.

zusätzlichem Verlegen der Leitungen, der durch öffentliche Firmen und dementsprechend teuer ist, Mehrkosten an. Da die Kosten vieler Ausführungsalternativen Situations- und Lageabhängig sind, lohnt es sich diese im Voraus zu vergleichen und individuelle Angebote für verschiedene Verfahren einzuholen. Auch beim Betrachten der vorbereitenden Erdarbeiten werden die Vorteile eines Hauses ohne Keller im Vergleich zur Unterkellerung deutlich, denn neben der Kostenersparnis fallen auch der einfache Aushub, eine ebene Baugrubensohle sowie der fehlende Feuchtigkeitseintritt durch das Grundwasser positiv ins Gewicht.

5.2 Erdarbeiten

Vor Beginn der Erdarbeiten wird zur Herstellung der Baugrube der wertvolle Mutterboden sorgfältig abgeschoben und für das spätere Anlegen von Grünflächen aufbewahrt. Ist die Gründung festgelegt und das Fundament für das Haus dimensioniert, kann das geplante Gebäude von einem Vermessungsingenieur in Lage und Höhe abgesteckt werden. Anschließend kann mit dem Aushub der Baugrube begonnen werden, welche je nach Vorhandensein und Ausmaß von Kellergeschossen entsprechend groß ausfällt. Das Aushubmaterial, also Kies, Sand und Lockergestein, welches unterhalb des belebten Bodens ausgehoben wird, wird abtransportiert oder für die spätere Hinterfüllung zwischengelagert. Ersteres ist allerdings sehr aufwändig und kostenintensiv.[58] Während der Bauarbeiten ist die Baugrube trocken zu halten um ein Aufschwemmen des Tragwerks zu vermeiden. Dies wird durch die sogenannte Wasserhaltung realisiert. Während in einfachen Fällen nur das Regenwasser, z.B. durch Entwässerungsmulden, abgeleitet werden muss, ist bei Baugruben unterhalb des Grundwasserspiegels eine Grundwasserabsenkung notwendig. Das Grundwasser wird dabei mit Hilfe von um die Baugrube angeordneten Brunnen und Pumpen abgesenkt. Dies verursacht dementsprechend zusätzliche Kosten.

Aufgabe der Gründung ist es, die anfallenden Lasten wie das Eigengewicht des Gebäudes, aber auch Nutz-, Schnee- oder Windlasten ohne Schäden für das Bauwerk und die Umgebung gleichmäßig in den Baugrund abzutragen. Dabei geht es v. a. darum, für ausreichend Sicherheit gegen Bruchzustände im Boden und in den Gründungsbauteilen zu sorgen, aber auch die Verformungen so gering zu halten, so dass am Bauwerk selbst und den benachbarten Bauwerken keine Schäden entstehen.[59] Je nach Beschaffenheit des

---

[58] Vgl. HAUSBAU-GUIDE: Riederer, S. 288 f.
[59] Vgl. LEHRBUCH DER HOCHBAUKONSTRUKTION: Fouad, S. 97.

Untergrunds und der zu erwartenden Belastung fällt die Entscheidung für ein Streifen-, Einzelfundament oder für eine Fundamentplatte. Während Einzelfundamente für das Abtragen punktartiger Einzellasten eingesetzt werden, hat ein Streifenfundament zur Aufgabe, linienartig einwirkende Lasten aus Wänden oder engen Pfeiler- oder Stützenreihen in den Baugrund abzuleiten. Von einer Fundamentplatte dagegen spricht man, wenn ein über die gesamte Grundrissfläche ausgebildetes Fundament vorgesehen ist und wird v.a. dann eingesetzt, wenn der Baugrund wenig tragfähig ist oder komplizierte Grundrisse vorgesehen sind. Nachfolgend sind die drei Fundamentalternativen abgebildet.

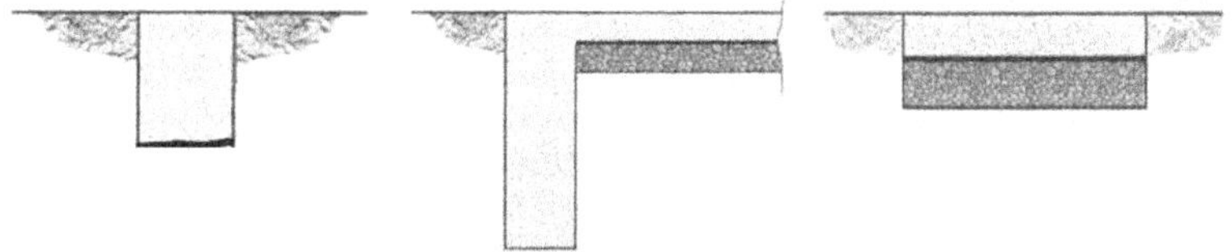

Abbildung 5.2: Einzel- Streifenfundament und Fundamentplatte[60]

Das Realisieren der Erdarbeiten bis zur Ausführung des Fundaments anhand des Musterprojektes sieht im Detail wie folgt aus: Nachdem die vorbereitenden Maßnahmen der Erdarbeiten sowie die Planung der Anschlüsse für Kanal, Trinkwasser und Strom erfolgt sind können die Aushubarbeiten beginnen. Die Tiefe des Aushubs muss dabei so gestaltet werden, dass die geplante Höhe der Oberkante des Rohfußbodens eingehalten werden kann, mindestens jedoch 80 Zentimeter, damit die Gründung frostsicher ausgeführt ist und Hebungen und Rissen im Bauwerk vorgebeugt werden. Andernfalls sind weitere Maßnahmen, wie z. B. eine Frostschürze erforderlich, die die Bauwerksteile vor Frost schützen. In diesem Zuge erfolgt ebenfalls das Verlegen der Anschlüsse für Kanal, Strom und Trinkwasser ausgehend aus dem öffentlichen Leitungsnetz. Beim Hausbau wird die Bodenplatte nie direkt auf die Grubensohle (das Erdreich) gegossen. Zwischen der Sohle und Bodenplatte muss sich eine Sauberkeitsschicht befinden, welche aus einer mindestens fünf Zentimeter dicken Kies- oder Magerbetonschicht besteht und das Eindringen von Feuchtigkeit verhindert. Für die Isolierung wird entweder Polyvinylchlorid (PVC) oder eine diffusionsdichte Folie aus Polyethylen (PE) verwendet. Auf die Sauberkeitsschicht wird im Anschluss das Fundament mit Hilfe einer Schalung errichtet. Schließt an

---

[60] Vgl. FUNDAMENTE – EIN ÜBERBLICK ÜBER DIE GRÜNDUNGSARTEN: Eurobaustoff Handelsgesellschaft mbH & Co. KG.

die Bodenplatte kein Keller an, dann ist zusätzlich eine Dämmung notwendig. Die Dämmung wird unter oder über der Bodenplatte eingebracht. Für eine Anbringung unterhalb der Bodenplatte eignen sich Polytyrol (PS), Perimeterdämmung oder Polyurethanschaum (PU-Schaum). Oberhalb erfolgt die Abdichtung mit einer Mineralfaserdämmung oder Polystyrolschaum. Der Aufbau eines Fundaments und einer Bodenplatte wird im Schnitt im Folgenden abgebildet. Beispielhaft wurde hier ein Streifenfundament gewählt, dies hängt in der Praxis jedoch z.B. vom Baugrundgutachten und dem Grundriss des Hauses ab.

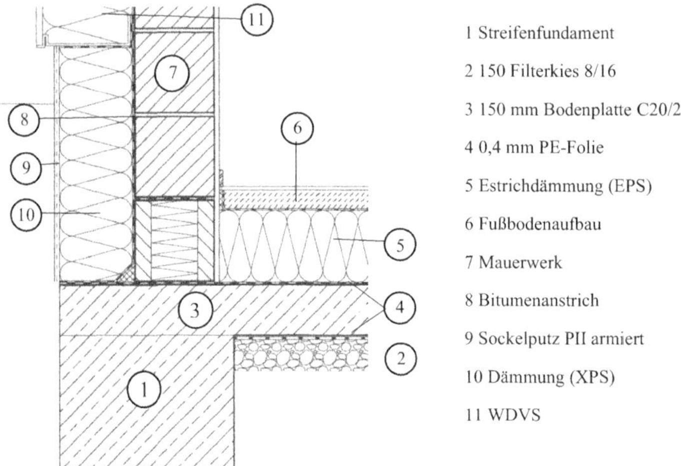

Abbildung 5.3: Aufbau Fundament und Bodenplatte des Musterprojektes[61]

5.3 Wände und Dämmsysteme

Sind die Erdarbeiten abgeschlossen, folgt das Errichten des Mauerwerkes auf der Bodenplatte. Die Wände eines Gebäudes übernehmen neben der Aufgabe des Schutzes vor Klima und Umwelt, auch die der Lastableitung und Stabilisierung und sollen die funktionale Gebäudegliederung in die Räume bringen. Man unterscheidet nach der statischen Funktion die tragenden, aussteifenden und nicht tragenden Wände.[62] Die tragenden Wände tragen Lasten aus anderen Bauteilen ab und sind somit für die Standsicherheit der gesamten Konstruktion notwendig. Aussteifende Wände dagegen dienen der Gebäude-

---

[61] AUTOR.
[62] Vgl. WÄNDE, PFEILER, STÜTZEN: Fiebig, S. 3

bzw. Knickaussteifung dieser. Die nicht tragenden Wände erfüllen ausschließlich die Funktion der Raumtrennung und besitzen keine statische Aufgaben für die Gesamtkonstruktion.

Man unterscheidet je nach Konstruktion und den verwendeten Hauptbaustoffen zwischen

- Mauerwerk,
- Wänden aus Beton,
- Wänden in Holzbauart,
- Profilblechwänden,
- Glasfassaden und
- Trockenbauwänden.[63]

Da beim Bau von Einfamilienhäusern häufig auf Mauerwerk zurückgegriffen wird, liegt die Konzentration in diesem Kapitel auf dieser Art der Wandkonstruktion. Der Fokus liegt hier weiterhin auf den Außenwänden des Gebäudes. Im Folgenden werden die verschieden Ausführungsvarianten im Rahmen der gemauerten Wände mit ihren Vor- und Nachteilen, sowie die bauliche Ausführung beschrieben.

Die gemauerten Wände werden nach ihren unterschiedlichen Wandaufbauten zwischen

- Einschaligen Wänden
- zweischaligem Wänden und
- Wänden mit Wärmedämm-Verbundsystem unterschieden.

Diese werden im Folgenden mit ihren Vor- und Nachteilen genauer vorgestellt.

Einschalige Wände

Die einschalige Wand besteht lediglich aus dem Mauerwerk selbst, dem Außen- sowie Innenputz, kann aber durchaus auch mehr Schichten aufweisen, wie die nächste Abbildung zeigt. Einschalige Wände übernehmen die Tragfunktion und den kompletten Wärmeschutz. Die Vorteile dieser Wandaufbauvariante überwiegen klar die Nachteile. So zählen ein sehr gutes Feuchtigkeitsspeicher- und Wärmespeichervermögen, genauso wie ein sehr guter Brandschutz und eine hervorragende Nutzungsdauer und Wohngesundheit zu den Vorteilen. Der Schallschutz ist umso besser, desto schwerer das Mauerwerk. In

---

[63] Vgl. WÄNDE, STÜTZEN, PFEILER: Fiebig, S. 6.

der längeren Bauzeit, die zudem abhängig von der Jahreszeit ist, sowie der Erforderlichkeit von dicken Wänden für eine vergleichbare Wärmedämmung liegen in diesem Fall die Nachteile. Die Kosten liegen beispielsweise bei Porenbeton bei 200 Euro, bei einem hoch porosiertem Ziegel bei 230 Euro pro Quadratmeter.[64] In der nachfolgenden Abbildung werden zwei grundlegende Ausführungsvarianten der einschaligen Wand dargestellt.

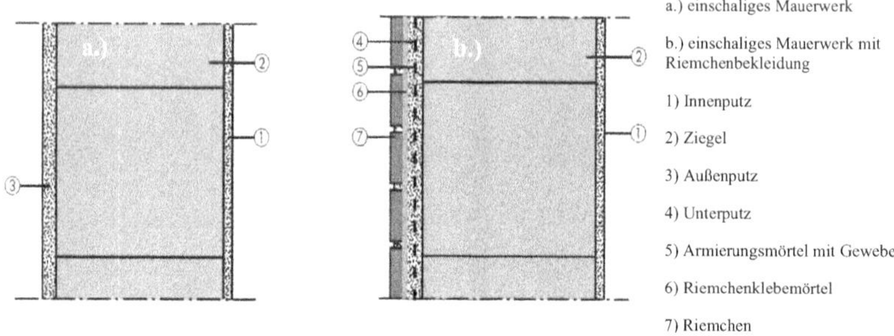

Abbildung 5.4: Ausführungsbeispiele einschaliges Mauerwerk [65]

Zweischalige Wand

Eine zweischalige Wand besteht aus der Tragschale und einer Vormauerschale, wobei diese über Drahtanker miteinander verbunden sind. Der Zwischenraum kann entweder mit Wärmedämmung ausgefüllt sein oder hinterlüftet ausgeführt werden, wobei auch hier eine Dämmung zwischen den Schalen angeordnet werden kann. Um eine Wärmedämmung mit einem U-Wert von 0,2 zu erreichen sind z. B. die folgenden Aufbauten denkbar:

- 17,5 Zentimeter Porenbeton, 14 Zentimeter Wärmedämmung, 11,5 Zentimeter Vormauerziegel, Putz und Anstrich (ergibt 40 Zentimeter Mauerdicke in Summe)

- 24 Zentimeter Hochlochziegel, 10 Zentimeter Wärmedämmung, 4 Zentimeter Luftschicht, 11,5 Zentimeter Vormauerziegel, Putz und Anstrich (ergibt 50 Zentimeter Mauerdicke in Summe)

---

[64] Vgl. HAUSBAU GUIDE: Riederer, S. 264f.
[65] Vgl. EINSCHALIGE AUßENWÄNDE: Heinze GmbH.

Die Vor- und Nachteile entsprechen hier ungefähr denen der einschaligen Wand, allerdings ist die Wanddicke bei der zweischaligen Wand häufig noch größer und die Baukosten sind hier um einiges höher. Inklusive Montagekosten kann man hier mit 300 Euro pro Quadratmeter rechnen.[66] In der folgenden Abbildung ist der Wandaufbau einer zweischaligen Mauer an einem Ausführungsbeispiel veranschaulicht.

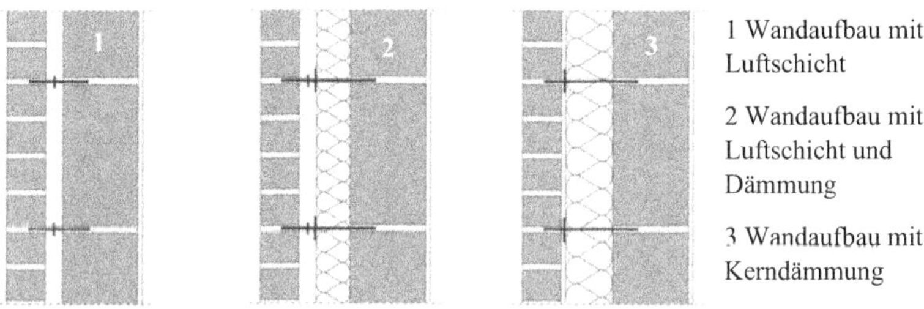

Abbildung 5.5: Ausführungsbeispiele zweischaliges Mauerwerk[67]

Wand mit Wärmedämmverbundsystem (WDVS)

Von einer Wand mit WDVS ist die Rede, wenn einschaliges Mauerwerk mit einer zusätzlichen Wärmedämmung ausgestattet ist. Die Dämmschicht besteht dabei aus drei Schichten: Klebemörtel, Wärmedämmung (z. B. EPS oder Mineralfaserplatten) und Putz, welcher sich aus Armierungs- und Oberputz zusammensetzt. Mit Dübeln oder Schienensystemen wird die Dämmschicht zusätzlich am Untergrund befestigt.

Die Vorteile dieses Wandaufbaus sind annähernd mit denen der vorangehend beschriebenen Wandaufbauten übereinstimmend. Allerdings sind zudem aufgrund der zusätzlichen Wärmedämmung geringere Wanddicken möglich und die massive Wand muss keine wärmedämmenden Eigenschaften aufweisen, da dies das WDVS übernimmt. Nachteilig zu erwähnen ist, dass diese Variante etwas teurer als die einfache einschalige Wand ist, wobei die Kosten je nach Material im Schnitt bei 250 Euro pro Quadratmeter liegen.[68] Nachfolgend ist ein Wandaufbau einer einschaligen Wand mit WDVS am Beispiel eines Kalksandsteinmauerwerks abgebildet.

---

[66] Vgl. HAUSBAU GUIDE: Riederer, S. 268ff.
[67] Vgl. ZWEISCHALIGES MAUERWERK: Heinze GmbH.
[68] Vgl. HAUSBAU GUIDE: Riederer, S. 266f.

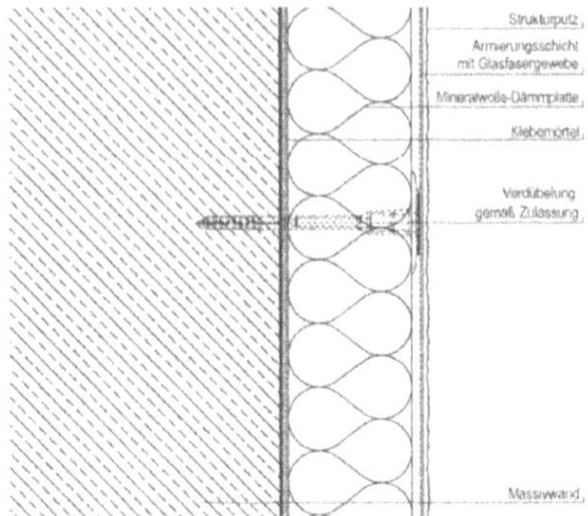

Abbildung 5.6: Ausführungsbeispiel einschaliges Mauerwerk mit Wärmedämm-verbundsystem[69]

Das Mauerwerk besteht stehts aus der Kombination von Mauersteinen und Mauermör-tel. Bei den Mauersteinen kann dabei zwischen künstlichen Steinen, wie z.B. Porenbe-ton, und natürlichen Steinen, wie beispielsweise Sandstein gewählt werden. Diese kön-nen unterschiedliche Rohdichte- und Steinfestigkeitsklassen besitzen. Je höher die Roh-dichte eines Mauersteines ist, desto besser die Festigkeit, Schalldämmung und Wärme-speicherung. Je niedriger diese jedoch ausfällt, desto besser die Wärmedämmung. Und auch bei Steinfestigkeit kann in Bezug auf die Mauerwerksfestigkeit gesagt werden: Je höher, desto besser. Je größer wiederum die Formatigkeit der Steine gewählt wird, umso schneller ist ein Baufortschritt zu sehen.

Weitere bauphysikalische Aspekte sind weiterhin der Wärme- und Feuchteschutz, der Schallschutz sowie der Brandschutz . Beim Wärmeschutz ist zu beachten dass je höher die Wärmeleitfähigkeit und die Wärmespeicherfähigkeit eines Baustoffes ist, umso grö-ßer sind die Rohdichte und der Feuchtigkeitsgehalt. Eine kleine Rohdichte bedeutet des-halb eine gute Wärmedämmung, allerdings ein schlechte Wärmespeicherung. Eine große Rohdichte wie zum Beispiel beim Baustoff Beton bedeutet eine schlechte Wär-medämmung, allerdings eine gute Wärmespeicherung.

Konstruktive Lösungsansätze können hier durch eine große Wanddicke, oder eine Zu-satzdämmung des Wandbildners erreicht werden.

---

[69] Vgl. EINSCHALIGE WAND MIT WÄRMEDÄMMVERBUNDSYSTEM: Heinze GmbH.

Der Feuchteschutz ist wichtig, um die Bausubstanz zu schützen, einem gesunden Raumklima entgegenzuwirken und nicht zuletzt Wärmeverlusten vorzubeugen. Bezugnehmend auf den Feuchteschutz eines Gebäudes, sollte eine Außenwand außenseitig eine geringe kapillare Wasseraufnahme besitzen und diffusionsoffen, also wasserdampfdurchlassend, konstruiert sein. Die Innenseite der Wand sollte ebenfalls diffusionsoffen sein. Konstruktive Lösungsansätze können im Rahmen des Feuchteschutzes z. B. mithilfe einer Wetterschutzschicht auf der Wandaußenseite, wie beispielsweise ein schlagregensicherer Baustoff oder ein wasserabweisender Außenputz, und mit Lüftungssystemen realisiert werden.

Um das Eindringen von außerhalb des Raumes erzeugtem Lärm einzudämmen, ist der Schallschutz besonders wichtig. Wichtig ist es, die Schallweiterleitung im Wandkörper zu unterbinden und die Schallschwingungen zu dämmen. Allgemein gilt: Je massiver die Wand ausfällt, desto schalldämmender ist sie demnach. Bei Trockenbauwänden dagegen ist es wichtig mit Vorsatzschalen, also einer Wärmedämmung zwischen den Platten, zu arbeiten. Da sich der Schall auch über die Decken, Flanken und den Boden eines Raumes ausbreiten kann, es also Schallnebenwege existieren, ist es wichtig Trennfugen in den Seitenwänden und Decken anzuordnen. [70]

Der Brandschutz wiederum wird eingehalten, indem keine leicht entflammbaren Baustoffe verwendet werden und deren Feuerwiderstandsdauer im Brandfall so hoch wie möglich ist.

Die gesetzlichen Anforderungen müssen mit den persönlichen Vorstellungen an die Funktionen und Gestaltung der Wände abgestimmt werden . Kostensparend sind in jedem Fall die Baustoffauswahl sowie die jeweilige Berücksichtigung und Ausführung der bauphysikalischen Aspekte. Setzt der Bauherr beispielsweise auf einen sehr hohen Schallschutzstandard, so ist dieser demzufolge kostenintensiver als ein niedrigerer. Um die Wahl der für den Bauherrn geeignetsten Alternative zielgenau treffen zu können, ist es in vielen Situationen hilfreich auf eine Nutzwertanalyse zurückzugreifen. Diese wird im nächsten Kapitel anhand der Auswahl eines Wärmedämmmaterials verdeutlicht.

---

[70] WÄNDE, PFEILER STÜTZEN: Fiebig, 7ff.

6 Nutzwertanalyse

Sollen verschiedene Alternativen innerhalb eines Projektes anhand monetärer und nicht monetärer Kriterien verglichen und bewertet werden, so bietet sich die Nutzwertanalyse (NWA) als geeignete Bewertungsmethode an. Diese wird zunächst kurz vorgestellt, bevor die Projektalternativen des in dieser Arbeit behandelten Beispiels der Dämmstoffe und deren Kriterien vorgestellt werden.

In diesem Kapitel soll eine solche Entscheidungsfindung anhand verschiedener, zur Auswahl stehender Fassadendämmstoffe aufgezeigt werden. Laut Zangemeister definiert die NWA „die Analyse einer Menge komplexer Handlungsalternativen mit dem Zweck, die Elemente dieser Menge entsprechend den Präferenzen des Entscheidungsträgers bezüglich eines multidimensionalen Zielsystems zu ordnen."[71] Die beste Lösung ist die Alternative, deren Konsequenzen mit dem höchsten Nutzwert bewertet wird.[72]Das allgemeine Vorgehen bei einer NWA ist wie folgt aufgebaut:

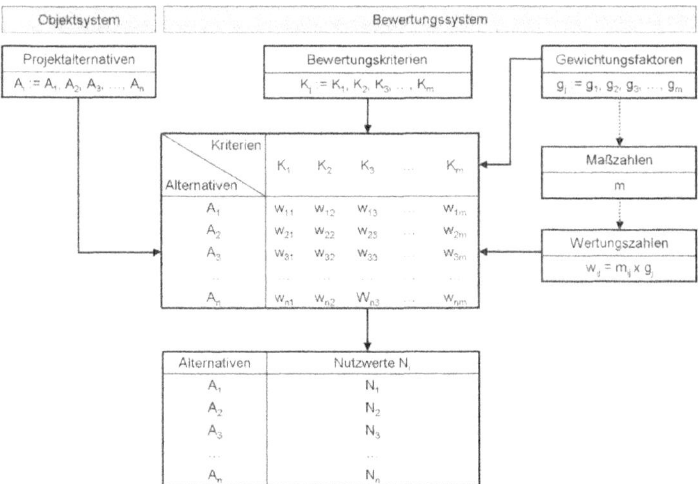

Abbildung 6.1: Aufbau der Nutzwertanalyse[73]

Ziel ist es das Objektsystem mit den Projektalternativen $A_1\ldots A_n$ zu bewerten und sie entsprechend ihrer Nutzenwerte in eine Rangfolge bringen zu können. Der erste Schritt

---

[71] NUTZWERTANALYSE IN DER SYSTEMTECHNIK: Zangemeister, S. 45.
[72] Vgl. EBD.: S. 57.
[73] Vgl. EBD.: S. 59.

beinhaltet die Formulierung der situationsrelevanten Zielkriterien K_j, bevor die präferenzgerechte Ordnung, also die Bewertung, folgt. Dafür müssen erst die nominalen und ordinalen Wertausprägungen in eine einheitliche Form gebracht werden, um am Ende vergleichbar zu sein. Dies erfolgt mit einer vorher festgelegten Punktvergabe, der numerischen Skala, die sowohl die verbalen als auch die numerischen Kriterien vergleichbar macht. Diese Skala wird auch als Maßzahlen bezeichnet.[74]

Da die Gewichtung der Kriterien nicht immer gleich ist, werden die vorher festgelegten Gewichtungsfaktoren $g_j = g_1, \ldots, g_m$ multipliziert und somit die Wertungszahl w_{ij} einer jeden Alternative bestimmt: $w_{ij} = m_{ij} \times ij$.[75] Die Summe der Wertungszahlen je Alternative spiegelt den Nutzwert N_j wieder. Dessen numerische Wertigkeit kann dann für die Rangfolge der Alternativen herbeigezogen werden.

Wie jede Planungs- und Entscheidungsmethode besitzt auch die NWA ihre spezifischen Stärken und Schwächen. Ein Problem stellt die Schätzung der Ergebnisse und ihre Skalierung dar. Schätzungen sind immer mit Ungenauigkeiten verbunden. Lediglich physikalische Größen (Länge, Gewicht usw.) lassen eine objektive Bewertung zu. Bei der Gewichtung besteht die Schwierigkeit eine genaue Präferenzordnung von unterschiedlichen Zielen darzulegen. Dennoch stellt die NWA ein adäquates Verfahren zur Entscheidungshilfe dar, denn sie ist vergleichsweise einfach in der Durchführung und kann dennoch entscheidungsrelevante Einsichten und Informationen vermitteln. Letztendlich kann die NWA nur Entscheidungshilfe leisten, die Entscheidung kann sie dem Anwender nicht abnehmen.[76]

Die für die Wahl eines geeigneten Wärmedämmstoffes zu betrachtenden sechs Projektalternativen A1,…A6 umfassen:

- XPS (Extrudierter Polystyrol)
- PUR (Polyurethan-Hartschaum)
- EPS (Expandiertes Polystyrol)
- Weichfaserplatte / Holzfaser
- Mineralfaser-Platte

---

[74] Vgl. BEWERTEN TECHNISCHER SYSTEME: Breeing/Knosala, S. 5.
[75] Vgl. EBD.: S. 9.
[76] Vgl. INVESTITIONSRECHNUNG UND NUTZWERTANALYSE: Hoffmeister, S. 308f.

- Mineralschaum-Platte

Die Bewertungskriterien, die für diese NWA herangezogen werden, sind:

- Kosten
- Brandverhalten
- Dicke der Dämmung
- Umweltbelastungspunkte (UBP)

Im Weiteren erfolgt eine detaillierte Erklärung dieser Bewertungskriterien.

Kosten: Die Kosten berücksichtigen im Rahmen dieser NWA Material, Lohn und die Mehrwertsteuer bis zur fertig gestrichenen Fassade. Sie dienen als grobe Anhaltspunkte für die Berechnung und stellen keine exakte Werte dar.

Brandverhalten: Das Brandverhalten gibt an, ob und wie schnell ein Baustoff im Falle eines Brandes entflammt. Als Bewertungsmaßstab dafür gilt in Europa die Klassifizierung von Bauprodukten und Bauarten zu ihrem Brandverhalten und ordnet ihnen eine Klasse von A bis F zu. A steht dabei für nicht brennbar, F für leicht entflammbar.

Dicke der Dämmung: Bei gleichbleibender Dämmwirkung ist ein Dämmstoff mit geringerer Dicke effizienter beim Einbau und geht bei folgender Nutzwertanalyse als geringfügige Gewichtung mit in die Wichtung ein.

UBP: Die UBP geben eine umfassende Gesamtbewertung zur ökologischen Beurteilung von Baustoffen wieder. Sie beziehen neben der gesamten Primärenergie auch die Treibhausemissionen sowie andere Emissionen in Luft, Gewässer und Boden mit in die Bewertung ein. [77] Bei der gesamten Primärenergie versteht man dabei die Summe aus erneuerbarer und nicht erneuerbarer Primärenergie für ein Haus über den kompletten Lebenszyklus. [78]

Alle Dämmstoffe haben in etwa den gleichen U-Wert. Als Fassadendämmung auf massivem Mauerwerk ergibt sich ein Wärmedurchgangskoeffizient von rund 0,2. Neben den Planungsalternativen und den Bewertungskriterien sind die Maßzahlen ein weiterer wichtiger Bestandteil der Nutzwertanalyse. In dem hier vorliegenden Beispiel wird ein dreistufiges

---

[77]Vgl. DÄMMSTOFFE UND ÖKOLOGIE: Isover (Hrsg.), S. 7.
[78]Vgl. HAUSBAU GUIDE: Riederer, S. 180.

Bewertungssystem zu Grunde gelegt, bei der die Maßzahl eins den geringsten Nutzen und die Maßzahl vier den höchsten Nutzen darstellt. Im nächsten Schritt werden die Kriterien mit Hilfe der Gewichtungsfaktoren nach ihrem Nutzen bewertet. Hier wird auf das linguistische Verfahren zurückgegriffen, bei dem die Gewichtung in Form von Punkten erfolgt, denen verbale Variablen zugeordnet sind. In nachfolgender Tabelle ist zusammengefasst, wie sich die hier verwendete Punktevergabe aufgliedert.

Kriterium ist	Und erhält die Wertung
ziemlich unwichtig	1
weniger wichtig	2
wichtig	3
sehr wichtig	4
äußerst wichtig	5
extrem wichtig	6

Tabelle 6.1: Kriterien und deren Wertung in der Nutzwertanalyse[79]

Den vier Bewertungskriterien werden in Abhängigkeit ihrer Wichtigkeit folgende Punkte zugeordnet, die in der nächsten Tabellen abgebildet sind. Die Gewichtungsfaktoren berechnen sich aus dem Anteil der jeweiligen Punkte an der Gesamtpunktzahl. Hier werden 15 Punkte vergeben und somit hat der erste Faktor die Gewichtung 6/15, also 0,4.

Kriterien	Note	Gewichtung
Kosten	6	0,4
Brandschutz	5	0,33
Dicke	1	0,07
UBP	3	0,2
Summe	**15**	**1**

Tabelle 6.2: Gewichtungsfaktoren der Nutzwertanalyse[80]

---

[79] AUTOR.

[80] EBD.

Die detaillierte NWA ist nachfolgend aufgeführt.

Kriterien	1=schlecht	2=mittel	3=gut	XPS	PUR	EPS	Weichfaser-platte	Mineralfaser	Mineralschaum	Note	Gewichtung
Kosten [€/m²]	≥145	≥135	<135	3	2	3	1	3	1	6	0,4
Umweltauswirkungen [UBP/(m²a)]	≥1050	≥640	<640	1	2	3	3	3	3	3	0,2
Brandschutz	B1,B2 im Brandfall toxisch	B1, B2	A1	1	1	1	2	3	3	5	0,33
Dicke [cm]	≥20	≥16	<16	2	3	2	2	2	1	1	0,07
			Summe	8	9	11	10	13	11	18	
			Ergebnis	1,73	1,63	2,24	1,86	2,97	2,25		

Tabelle 6.3: Nutzwertanalyse Fassadendämmstoffe[81]

Der Dämmstoff Mineralfaser hat mit der in dieser Arbeit gewichteten Kriterien den größten Nutzwert. Der Mineralschaum erhält den zweiten Rang, dicht gefolgt vom EPS.

---

[81] AUTOR.

Der Nutzwert der Weichfaserplatte erreicht den vierten Rang, der des XPS den fünften Rang. Der PUR weist den schlechtesten Nutzwert auf. Entsprechend den Nutzwerten aus dem Ergebnis, sollte der Bauherr bei gleichen Kriterien und Gewichtungen auf den Dämmstoff Mineralfaser zurückgreifen. Die Ergebnisse sind nachfolgend noch einmal im Diagramm dargestellt.

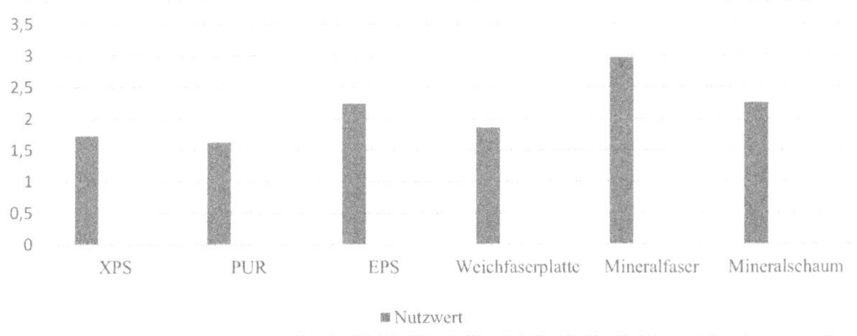

Abbildung 6.2: Nutzwerte der Projektalternativen[82]

Wie in diesem Beispiel der Entscheidungsfindung für ein geeigneten Wärmedämmstoff angepasst an die Präferenzen des Entscheidungsträgers, kann eine solche NWA für jede Entscheidungsvorbereitung einer oder verschiedener Projektalternativen durchgeführt werden. Sie ist v. a. dann besonders geeignet, wenn eine monetäre Bewertung der Alternativen nicht möglich ist oder allein zur Entscheidungsfindung nicht ausreicht. Man kann sie außerdem dann anwenden, wenn mehrere Alternativen vergleichbar sind und eine Vielzahl von entscheidungsrelevanten Größen zu beachten ist.

---

[82] AUTOR.

7 Fazit

Die vorangegangenen sechs Kapitel ermöglichten verschiedene Einblicke in die wirtschaftliche Bauablaufplanung für die Abwicklung eines Einfamilienhauses. Auf die Forschungsfrage „Wie können Bauherren im Rahmen des Hausbaus den Kostenrahmen so gering wie möglich halten und gleichzeitig ihre Vorstellungen bezüglich Gestaltung und Funktion miteinbinden" kann mit der folgenden Zusammenfassung der wichtigsten Erkenntnisse dieser Arbeit geantwortet werden: Schon die Wahl des Baupartners bestimmt den Bauablauf und damit die Projektkosten vor. Je mehr Arbeit und Zeitaufwand dabei an Dritte weitergegeben wird, desto teurer wird das Bauvorhaben. Je mehr Zeit und Eigeninitiative der Bauherr investiert, desto mehr kann gespart werden. Ein Fertighaus, Massivhaus oder Architektenhaus eignen sich für Bauherren, die die größte Verantwortung an eine professionelle Begleitung abgeben möchten. Im Gegenzug dazu müssen sie allerdings mehr Geld bezahlen. Mit einem Generalunternehmen als Baupartner können vergleichsweise mehr Kosten gespart werden, die Bauabwicklung erfordert aber mehr Zeitaufwand, Organisation, Planung sowie Eigeninitiative des Bauherrn. Mit der Einzelvergabe ist das Bauen in der Theorie am kostengünstigsten, ohne fachkundiges Wissen allerdings zu einem hohen Preis. Denn das Risiko, dass Fehler passieren und in diesem Zuge Mehrkosten entstehen ist sehr hoch. Bei der Grundstückssuche sollte im ersten Schritt v. a. auf die Baugrundverhältnisse, und damit auf die Bodentragfähigkeit und den Grundwasserstand, sowie die Anschlussmöglichkeiten und die Erschließungsmaßnahmen auf dem Grundstück geachtet werden, da es bei ungünstigen Situationen oftmals zu zusätzlichen Kosten kommen kann. So kann ein instabiler, weicher Baugrund beispielsweise die konstruktiven Anforderungen und Materialeinsatz in hohem Maße erhöhen. Zusätzlich sollte vor Vertragsabschluss geprüft werden ob ein Vorkaufsrecht oder Grundpfandrechte für das Grundstück bestehen und ob Baulasten vermerkt sind, um zu wissen in welchem Umfang Verpflichtungen nach dem Grundstückserwerb zu erwarten sind, die häufig auch mit Mehrkosten verbunden sind. In der Kostenplanung geht es zunächst vorrangig darum, einen realistischen Kostenrahmen zusammenzustellen, der alle Kosten des Projektes berücksichtigt, um sicherzugehen, dass das Budget des Bauherren zumindest nicht in hohen Maßen überschritten wird. Wird das Haus in der Gestaltung und Funktion geplant, können verschiedenste Maßnahmen der Kostenreduktion mit einfließen. So kann im Rahmen der Mengeneinsparungen durch die Wahl eines viereckigen Grundrisses und Raumgrundformen, sowie der Zusammenlegung von Räumen, Wände eingespart und

Verluste der Heizwärme eingegrenzt werden. Auch der Verzicht auf einen Keller oder ausgebauten Dachboden sparen sowohl Investitions- als auch Folgekosten in Form von Reparaturen, wobei ersterer auch Vorteile bei den Erdarbeiten gegenüber einer Unterkellerung mit sich bringt. Wenn es um die Wahl der Ausführungsvarianten geht, kann zudem oftmals zwischen preisintensiven und kostengünstigen Varianten gewählt werden, bei denen allerdings geprüft werden sollte, ob die Qualität und damit die Lebensdauer des jeweiligen Materials nicht darunter leidet. Je höher die Eigenleistungen ausfallen desto mehr Einsparungspotenziale ergeben sich in den Personal- und Montagekosten. Die eigenen Erfahrungen, Wissen, verfügbare Zeit, etc. sollten hier allerdings dringend realistisch eingeschätzt werden, um den gesteckten Kostenrahmen tatsächlich einhalten zu können. Die Ausrichtung des Hauses nach den Einflüssen von Sonne und Wind und die damit verbundene Fensterwahl kann Heizwärme durch passive Sonnenenergie erzeugen. Die Wahl von massiven Bauteilen dagegen sorgt für eine gute Wärmespeicherung. Durch die Einhaltung der EnEV und darüber hinaus die Umsetzung von möglichst hohen Energiestandards machen die langfristige Einsparung der Betriebskosten auf der einen Seite und die Vermeidung einer bautechnischen Überholung und KfW-Förderungen auf der anderen Seite möglich. Zu den Erdarbeiten und den dafür nötigen Vorbereitungen kann gesagt werden, dass die Kombination aus bindigen Boden im Baugrund ohne Kontaminierungen, ein Grundwasserstand, der unterhalb der Baugrubensohle endet und öffentliche Versorgeranschlüsse in der Nähe des Hauses ideale Voraussetzungen für den Hausbau darstellen. Je mehr Abweichungen dieses Idealzustandes existieren, desto mehr Maßnahmen müssen getroffen werden um das Erreichen eines optimalen Zustandes zu gewährleisten und desto mehr Kosten entstehen zusätzlich. Bezüglich der Wahl der Außenwände des Hauses ist zusammenfassend zu sagen, dass die Ausführung von einschaligen Außenwänden im Einkauf und der Ausführung am günstigsten ist. Die einschalige Außenwand mit WDVS kann dagegen ohne das Realisieren von sehr dicken Wänden eine hervorragende Wärmespeicherung erreichen, ist allerdings etwas teurer und beim Vornehmen von Änderungen sowie im Brandfall nicht immer unproblematisch. Die zweischalige Außenwand als dritte und letzte der drei in dieser Arbeit verglichenen Wandaufbauten ist gleichzeitig die teuerste, allerdings bauphysikalisch beste Alternative. Da die Kosten vieler Ausführungsalternativen Situations- und Lageabhängig sind, lohnt es sich diese im Voraus zu vergleichen und individuelle Angebote für verschiedene Verfahren einzuholen. Um darüber hinaus zielgenaue Entscheidungen treffen zu können, die mit den

Präferenzen der Kriterien des Bauherrn übereinstimmen, kann die Nutzwertanalyse angewendet werden. Wichtig zu erwähnen ist, dass diese Arbeit lediglich ein Ausschnitt der Einsparpotenziale liefert und deshalb nicht alle Antworten auf die Forschungsfrage, bezogen auf die gesamte Bauablaufplanung, geben kann. Eine professionelle, abgeschlossene Planung in der alle Phasen, die im Laufe des Hausbaus durchlaufen werden, vollständig durchdacht sind, liefert jedoch in jedem Fall das Fundament, auf dem man bei der wirtschaftlichen Abwicklung eines Einfamilienhauses bauen sollte.

Literatur- und Quellenverzeichnis

AL GHANEM, YAAROB (HRSG.) / ROSSBACH, JÖRG (HRSG.): BAUBETRIEB PRAXIS KOMPAKT, BEUTH VERLAG GMBH, LEIPZIG, 2015, ISBN: 9783410217251.

BIELEFELD, BERT: BASICS BERUFSPRAXIS TERMINPLANUNG, BIRKHÄUSER VERLAG, BASEL, 2018, ISBN: 9783764388737.

BREEING, ALOIS/ KNOSALA, RYSZARD: BEWERTEN TECHNISCHER SYSTEME, SPRINGER VERLAG, HEIDEBERG, 1997, ISBN: 9783642592294.

BREITKOPF, A.: EINFAMILIENHÄUSER – ANZAHL IN DEUTSCHLAND BIS 2018, 2019.VERFÜGBAR UNTER HTTPS://DE.STATISTA.COM/STATISTIK/DATEN/STUDIE/4534/UMFRAGE/BAUGENEHMIGUNGEN-IN-DEUTSCHLAND-SEIT-1991/. AUFGERUFEN AM 21.10.2019.

DITTMANN, MATTHIAS: KELLER BAUEN – JA ODER NEIN?, 2014. VERFÜGBAR UNTER HTTPS://WWW.BAUEN.DE/A/KELLER-JA-ODER-NEIN.HTML. AUFGERUFEN AM 12.09.2019.

HAVLATT, OLIVER: ENERGIESPARVERORDNUNG (ENEV), 2017. VERFÜGBAR UNTER HTTPS://WWW.VERBRAUCHERZENTRALE.DE/WISSEN/ENERGIE/ENERGETISCHE-SANIERUNG/ENERGIEEINSPARVERORDNUNG-ENEV-13886. AUFGERUFEN AM 10.10.2019.

HOFFMEISTER, WOLFGANG.: INVESTITIONSRECHNUNG UND NUZWERTANALYSE, 2000, KOHLHAMMER, STUTTGART, ISBN: 9783830515036.

F:DATA GMBH: HONORARZONE, O.D. VERFÜGBAR UNTER HTTPS://WWW.BAUPROFESSOR.DE/HONORARZONE/5E736EFA-6ED5-48FA-BD65-70F799500861. AUFGERUFEN AM 24.09.2019.

F:DATA GMBH: BONUS-MALUS-REGELUNG, O.D. VERFÜGBAR UNTER HTTPS://WWW.BAUPROFESSOR.DE/BONUS-MALUS-REGELUNG%20NACH%20HOAI/5EA0B06A-3ABE-417E-A1A1-C4A8CACE4578. AUFGERUFEN AM 30.09.2019.

FOUAD, NABIL (HRSG.): LEHRBUCH DER HOCHBAUKONSTRUKTION, SPRINGER VIEWEG, HANNOVER, 4. AUFLAGE, 2013, ISBN: 9783519350156.

GESELLSCHAFT FÜR ANGEWANDTE GEOLOGIE UND VERMESSUNG MBH: VERSICKERUNGSGUTACHTEN, O.D. VERFÜGBAR UNTER HTTP://WWW.GAGV.DE/LEISTUNGEN/VERSICKERUNGSGUTACHTEN. AUFGERUFEN AM 16.10.2019.

HAGEN, IVO: BAULASTENVERZEICHNIS: WAS STEHT DARIN WER DARF ES EINSEHEN?, 2019. VERFÜGBAR UNTER HTTPS://IMMOEINFACH.DE/BLOG/WAS-IST-EIN-BAULASTENVERZEICHNIS/ . AUFGERUFEN AM 23.09.2019.

HAUSXXL: EIGENLEISTUNG BEIM HAUSBAU, O.D. VERFÜGBAR UNTER HTTP://WWW.HAUSXXL.DE/THEMEN/EIGENLEISTUNG-BEIM-HAUSBAU-121. AUFGERUFEN AM 01.10.2019.

HEINZE GMBH: EINSCHALIGE AUßENWÄNDE, O.D. VERFÜGBAR UNTER HTTPS://WWW.BAUNETZWISSEN.DE/MAUERWERK#BEREICH=FACHWISSEN . AUFGERUFEN AM 26.10.2019.

HEINZE GMBH: ZWEISCHALIGE AUßENWÄNDE, O.D. VERFÜGBAR UNTER HTTPS://WWW.BAUNETZWISSEN.DE/MAUERWERK/FACHWISSEN/WAND/ZWEISCHALIGE-AUSSENWAENDE-162704. AUFGERUFEN AM 26.10.2019.

HEINZE GMBH: EINSCHALIGE WAND MIT WÄRMEDÄMMVERBUNDSYSTEM, O.D.. VERFÜGBAR UNTER HTTPS://WWW.BAUNETZWISSEN.DE/MAUERWERK/FACHWISSEN/WAND/EINSCHALIGE-WAND-MIT-WAERMEDAEMMVERBUNDSYSTEM-162778. AUFGERUFEN AM 26.10.2019.

HESTERMANN, ULF / RONGEN, LUDWIG: FRICK / KNÖLL BAUKONSTRUKTIONSLEHRE 1, SPRINGER VERLAG, ERFURT, 35. AUFLAGE, 2010, ISBN: 9783834825643.

HOFFSTADT, HANS JOACHIM / OLZEM, OLIVER: ABWICKLUNG VON BAUVORHABEN, RUDOLF MÜLLER, KÖLN, 7. AUFLAGE, 2012, ISBN: 978381028268

ISOVER (HRSG.): DÄMMSTOFFE UND ÖKOLOGIE, O. D. VERFÜGBAR UNTER HTTPS://WWW.ISOVER.CH/SITES/ISOVER.CH/FILES/ASSETS/DOCUMENTS/ISOVER_OEKOLOGIE_DE.PDF. AUFGERUFEN AM 11.10.2019.

IMMOBILIEN SCOUT GMBH: ARCHITEKT, BAUUNTERNEHMER ODER BAUTRÄGER?, 2019. VERFÜGBAR UNTER HTTPS://WWW.IMMOBILIENSCOUT24.DE/BAUEN/HAUS-SUCHEN/BAUPARTNER.HTML. AUFGERUFEN AM 23.09.2019.

IMMOVERKAUF GMBH: GRUNDSTÜCKSKAUF – ABLAUF & TIPPS, O. D. VERFÜGBAR UNTER HTTPS://WWW.IMMOVERKAUF24.DE/BAUFINANZIERUNG/IMMOBILIENKAUF/GRUNDSTUECKSKAUF/. AUFGERUFEN AM 21.09.2019.

JENTSCH, KATHLEN: SCHACHTVERSICKERUNG, 2008. VERFÜGBAR UNTER HTTP://ELEARNING.TU-DRESDEN.DE/REGENWASSERMANAGEMENT/E829/E981/INDEX_GER.HTML. AUFGERUFEN AM 16.10.2019.

KAISER, STEFAN: WOHNEN, MIETEN KAUFEN, 2018. VERFÜGBAR UNTER HTTPS://WWW.SPIEGEL.DE/WIRTSCHAFT/SOZIALES/IMMOBILIEN-84-PROZENT-DER-DEUTSCHEN-WOLLEN-EIN-EIGENHEIM-A-1223288.HTML. AUFGERUFEN AM 13.10.2019.

KELLER, HELMUT: EIGENLEISTUNG AM BAU, 2017. VERFÜGBAR UNTER HTTPS://WIRTSCHAFTSLEXIKON.GABLER.DE/DEFINITION/EIGENLEISTUNG-AM-BAU-52950. ABGERUFEN AM 22.10.2019.

KIRSCHNER, MARTIN: BODENPLATTE, 2019. VERFÜGBAR UNTER HTTPS://WWW.BAURATGEBER-DEUTSCHLAND.DE/HAUSBAUPLANUNG-VON-A-Z/16-DIE-BAUPHASEN/BODENPLATTE/. AUFGERUFEN AM 17.10.2019.

MALYSZCZYK, STEFFEN: MIT DEM STREIFENFUNDAMENT FROSTFREI GRÜNDEN, 2017. VERFÜGBAR UNTER HTTPS://WWW.BAUEN.DE/A/MIT-DEM-STREIFENFUNDAMENT-FROSTFREI-GRUENDEN.HTML. AUFGERUFEN AM 06.09.2019.

METZGER, BERNHARD: BAUHERRENHANDBUCH – SCHLÜSSELFERTIG BAUEN VOM ARCHITEKTENHAUS BIS ZUM BAUTRÄGEROBJEKT, HAUFE VERLAGSGRUPPE, INNING, 3. AUFLAGE, 2000, ISBN: 3448042196.

NEUFERT, ERNST ET AL. NEUFERT BAUENTWURFSLEHRE : GRUNDLAGEN, NORMEN, VORSCHRIFTEN ÜBER ANLAGE, BAU, GESTALTUNG, RAUMBEDARF, RAUMBEZIEHUNGEN, MAßE FÜR GEBÄUDE, RÄUME, EINRICHTUNGEN, GERÄTE MIT DEM MENSCHEN ALS MAß UND ZIEL : HANDBUCH FÜR DEN BAUFACHMANN, BAUHERRN, LEHRENDEN UND LERNENDEN / . 42., ÜBERARBEITETE UND AKTUALISIERTE AUFLAGE. WIESBADEN: : SPRINGER VIEWEG, 2019, ISBN: 9783658218768

REBLU GMBH: „BAUGRUNDUNTERSUCHUNG", O.D. VERFÜGBAR UNTER HTTPS://WWW.BODENANALYSE-ZENTRUM.DE/LEXIKON/BAUGRUNDUNTERSUCHUNG. ABGERUFEN AM 05.09.2019.

ROTT, ANDREAS: UNTERSUCHUNGSUMFANG, 2009. VERFÜGBAR UNTER HTTP://WWW.DIEGEOLOGEN.DE/42836.HTML. AUFGERUFEN AM 06.09.2019.

YAPRAK, OZAN: GRUNDSTÜCKSKAUF – CHECKLISTE ZUM ABLAUF, O. D. VERFÜGBAR UNTER HTTPS://WWW.DRKLEIN.DE/GRUNDSTUECKSKAUF.HTML#C211904 . AUFGERUFEN AM 21.09.2019.

ZANGEMEISTER, CHRISTOF: NUTZWERTANALYSE IN DER SYSTEMTECHNIK, WITTEMANN VERLAG, MÜNCHEN, 2. AUFLAGE, 1971, ISBN: 978384206162.

BEI GRIN MACHT SICH IHR WISSEN BEZAHLT

- Wir veröffentlichen Ihre Hausarbeit,
  Bachelor- und Masterarbeit

- Ihr eigenes eBook und Buch -
  weltweit in allen wichtigen Shops

- Verdienen Sie an jedem Verkauf

Jetzt bei www.GRIN.com hochladen
und kostenlos publizieren